JN123653

建築リニューアル成功事例集 2022

マンションからオフィスまで

かに建物の新しい価値を高めるか？
功事例が示す役立つ技術満載！！

株式会社テツアドー出版

発刊にあたって

　2021年を迎えて顧みれば、未曽有の感染症蔓延、それによる5回にもわたった緊急事態宣言の発令と解除、国論を二分して開催へと漕ぎつけた東京オリンピック・パラリンピック、そうした情況の中での新内閣発足、それに続く国政選挙と、まさに1年が揺れ動きながら経過したと言わなければならない。

　その激動の中、世界経済は大打撃を被り、わが国においても経済活動は大幅な抑制を強いられ、経営や雇用に深刻な影響を及ぼした。感染被害は当初の勢いをどうやら押さえ込み、ひとまず収束したと見られるが完全な終息にはほど遠く、新たな1年の間にも、警戒は決して緩めることはできない。

　しかし一方で、必然的にワークスタイルや居住形態の変革が進み、建築に対する必要性もまた、コロナ後の新局面を迎えつつある。社会の各部門で意識の高まりを見せている国際的な開発目標であるSDGsでも、17の世界的目標の中に「包摂的で安全かつ強靭で持続可能な都市及び人間居住を実現する」と掲げられており、具体的には「適切、安全かつ安価な住宅」「持続可能な人間居住計画・管理の能力を強化」「世界の文化遺産および自然遺産の保全」が盛り込まれている。

　これは建築再生においては既に取組みの続くテーマに過ぎず、建築再生の理念である「リフォーム・リニューアルによる新しい価値」と一致するものでもある。

　建築再生は、机上の空論ではなく具体的な建物を対象とした営為の着実な積み重ねを実態としている。個々別々の優れた事例を一挙に紹介することで、コロナ後の市場回復に臨んでいただければ本書の意義は果たせられるところである。

株式会社テツアドー出版
建築リニューアル成功事例集2022　編集部

※成功事例の掲載順は、分類ごとに社名五十音順となっています。

1 セメント、コンクリートのカーボンリサイクル

野口 貴文

東京大学 教授

■ はじめに

本日は、セメント、コンクリートのカーボンリサイクルと題し、これまで環境負荷の排出源であったセメント、コンクリートを使って、今後いかにカーボンニュートラルなリノベーションや、リフォーム・リニューアルができるか、4つお話をします。

最初は、「日本建築学会における『カーボンニュートラル×建築材料』」で、これまでどのような変遷を辿ってきたか。次は、「建築物認定制度における建築材料のカーボン評価」がどのような形でなされているか。3つ目は従来の「セメント・コンクリートにおけるCO_2排出削減」の現状と今後それをいかに発展させていこうとしているか。そして最後は、新しい話題として「セメント・コンクリートにおけるCO_2利用」。この最後の話題がカーボンニュートラルへの道筋で、コンクリートだけではなくセメント系材料も対象にした内容です。リフォーム・リニューアルにおいては、木材だけではなく今後はセメント系材料を使ったものも検討の余地が出てくると捉えて頂ければと思います。

■ 日本建築学会における 「カーボンニュートラル×建築材料」

提言として2009年の「建築関連分野の地球温暖化対策ビジョン2050」があり、この時点で2050年を見据えてのカーボンニュートラル化を日本建築学会ではビジョンとして示していました。その中で二酸化炭素排出の少ないエコマテリアルの推進が取り上げられています。

二酸化炭素排出量が少ないことで最初に挙げられる建材は「木材」です。ご存知のように木材は生長過程で二酸化炭素を(吸収)利用して生長していき、(建材として)使用後に木材が燃焼や腐朽によって、CO_2が排出されたとしても、カーボンの量としてはニュートラル、つまり吸収量と排出量が同じであることから建築において木材利用が進められてきたわけです。

そのために森林をしっかり育てていこうということになるわけです。適切に森林を育てていくことでCO_2を吸わせ、それを建材に使うことで、木の生長を有効に利用、すなわち木材中に二酸化炭素を閉じ込めた状態

図1　日本建築学会における「カーボンニュートラル × 建築材料」　提言

で長年建築物の中で固定でき、カーボンニュートラルを推進していける。2009年にそういうビジョンが示されました。

このように木材利用が推進される中、他の建材の動きも見据えて特別研究委員会が設置され、「カーボンニュートラル建築を目指した建材のあり方」というテーマで2年間にわたる研究活動が行われました。

報告書は図2の目次構成にあるように、第2章では建築生産活動という、建築材料を作り建築物を建設する過程でのカーボンニュートラル性に寄与する技術、システムの事例が調べられ、第3章では建築物の運用時点でのカーボンニュートラル性が示され、どのような使い方をすれば建築材料がカーボンニュートラルに寄与するのかが述べられています。それから第4章は個別の建築材料そのものに焦点を当て、生産時、運用時それぞれどういう技術が今あるのかを2013年時点で取りまとめたものです。第5章は住宅全体として、後で少しご紹介しますが、CASBEEでLCCO$_2$をどのように評価しているかを取り上げています。

続いて2015年、先ほどと同じく提言ですが、「地球温暖化対策アクションプラン2050－建築関連分野のカーボン・ニュートラル化への道筋－」の中には建材に関わることとして資源の循環使用、資源消費量の削減、低LCCO$_2$素材への転換、素材利用の長寿命化、天然素材の利活用の5つが示されています。

その中でも木造建築の普及拡大がやはり日本建築学会の推奨すべき道として示されていて、特に国産木材の安定供給体制を整備し使っていくことが推奨されています。ただし、木造だけでは火災等を考えると不安な

部分もあり、鋼構造や、鉄筋コンクリート構造との混構造を目指すことが盛り込まれています。

日本建築学会では、2010年代は木造推進、木材の利用推進が中心で、逆にセメント・コンクリート系の材料については二酸化炭素を排出するだけで、CO$_2$の削減に寄与する道はセメントの使用量を削減することしかないという状況でした。

■ 建築物認定制度における 建築材料のカーボン評価

続いて、建築物の認定制度における建築材料のカーボン評価がどうなされているかご紹介します。

まず、法律として2012年に施行された「エコまち法」の中に低炭素建築物認定制度があります。そこでもやはり木造住宅または木造建築物を推奨していて、コンクリートを使う場合にはセメントクリンカー量を少なくした高炉セメントまたはフライアッシュセメントを使用するとなっています。選択的項目の中に建築材料のことが少し入っていて、選択的項目の中から2つを選んだ上で、性能の評価をするということです。

もう一つがCASBEEで、ライフサイクルCO$_2$が評価されます。ライフサイクルを通じてのCO$_2$で、図5右のように設計・資材製造・建設・修繕・更新・解体という6段階があります。その中の資材製造において、CO$_2$排出原単位が示されています。普通ポルトランドセメントを使ったコンクリートがもっともCO$_2$排出原単位が高い状況ですが、クリンカー量を減らした高炉

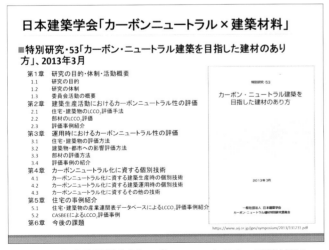

図2　日本建築学会「カーボンニュートラル×建築材料」

図3　日本建築学会「カーボンニュートラル×建築材料」

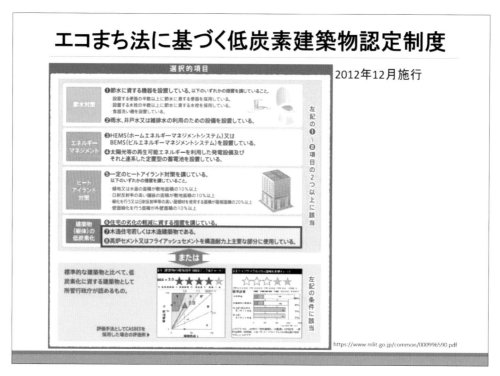

図4　エコまち法に基づく低炭素建築物認定制度

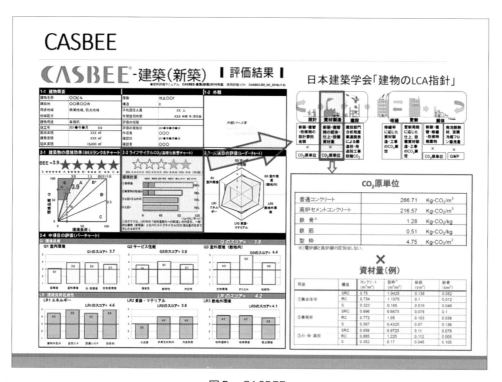

図5　CASBEE

セメントはある程度CO_2削減に寄与していることが示されています。単位が少し違うので、鉄骨・鉄筋と比べるのに数字だけ見ると誤解を与えかねないのですが、コンクリートを使った場合はクリンカー量を削減したとしても、それなりの量のCO_2が排出されていることは否めない状態でした。

　ここまでお話ししてきましたように2010年代、セメント系の材料、コンクリート等についてはセメント使用量の削減が一番カーボンニュートラルに向かうことになり、これは業界にとっては致命的でした。つまりセメント産業から見れば自分たちが製造するセメント・クリンカーが目減りしていくことが地球環境保全、カーボンニュートラルに寄与するという、ジレンマと言える状況だったと思います。

■ セメント・コンクリートにおける CO_2 排出削減

それでは、そのセメント・コンクリートがいかに CO_2 排出削減をしようとしているか、してきたかについて説明いたします。

日本の全体での CO_2 排出量は11億9000万トン。これは2017年の数値ですが、セメント生産だけでは4.5％です。そこにコンクリートの生産を加えますと5％程度がセメント・コンクリートから排出されている CO_2 の割合になります。この数値が大きいのか、小さいのかですが、一産業であるセメント製造業からの排出が4.5％というのは決して少ないわけではない、むしろ多いかもしれません。セメントの主原料である石灰石が1450℃に燃焼されたとき、炭酸カルシウムが石灰石の主成分ですから、$CaCO_3$ の脱炭酸で CO_2 が半

分程度排出されます。1年間の脱炭酸による大気中への CO_2 の排出量は2640万トンです。セメント生産がピークの時には4420万トンで、それは結構な量であったと言えます。

図6下のグラフは建築産業がいかに CO_2 排出源であるかを示しているもので、セメント生産は、オフィスビルの建設、住宅の建設の中に入っています。この住宅建設の5％、オフィスビル建設の6％の主要な部分をセメントの生産時の CO_2 排出が占めていると言えます。

では、どれくらいのコンクリートが資源として利用され、将来どうなるかに目を向けてみます。2017年の値では、世の中で使われている物資・資源の42％が土木を含めた建設分野に使われています。その中の4分の1程度がコンクリートに使われ、日本の総物質の12％程度がコンクリートを製造するために使われています。

これがコンクリートの生産量がピークの時を考えると、総物質の19％はコンクリートをつくるために使われたという状況で、このような形で資源の消費量、CO_2 の排出量を見てもコンクリートは環境負荷を与えてきた物質であると言えます。

世界のセメント生産の将来推計を見ても、まだまだ世界的にはセメントの生産は増えていく、つまりコンクリートの生産量は増えていき、セメント・コンクリートからの CO_2 排出は増えていくことが予想され、CO_2 排出削減はセメント・コンクリートに課された使命であると言えます。

では、どのような CO_2 の排出削減策があるのか。**図8**はコンクリート構造物、建築物を含めてのライフサイクルを表わす図です。このコンクリートの構成材料、

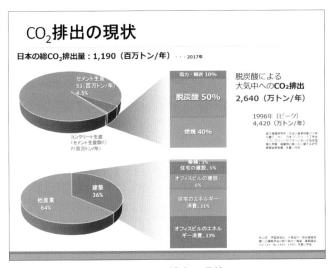

図6　CO_2 排出の現状

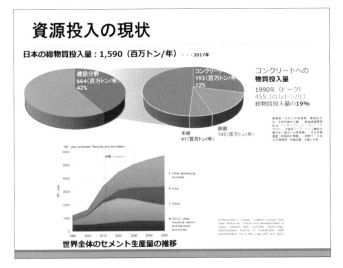

図7　資源投入の現状

図8　CO_2 排出削減（従来技術）

つまりセメント生産、混和材料生産、骨材生産のところでCO₂が排出され、コンクリートを製造する段階でも出ます。それらの資材を運搬する段階でも当然出ています。それから建設工事でも出て、構造物を解体する場合にも出てくる状況で、この矢印の大きさを削減するのが従来の方向で、これまでそれらに対していろいろな技術開発がなされてきたわけです。

一つ目、構成材料のCO₂削減のところで典型的なのが「低炭素コンクリート」です。普通ポルトランドセメントの中に含まれているクリンカーを削減し、代わりに産業副産物である高炉スラグ微粉末とか、フライアッシュ、シリカフュームなどで置き換えることでセメントクリンカー量を70％削減しCO₂としては80％程度の削減がなされています。このコンクリートの使い道としては建築物でいうと非常にボリュームの大きなマスコンクリートの部分です。フライアッシュ等を使うことで元々マスコンクリート用のコンクリートという位置づけにもなりますが、基礎部分、杭部分に使っていくのが最適であると思います。というのはクリンカー量が少ないため中性化が早いという懸念があるからであり、地上部への利用は少し控えているという状況です。

それからジオポリマーという全くセメントを使用しない材料、これを使ってコンクリートを作るという研究開発が行われていまして、図9のように、海外ではすでに建築物が建設されている状況です。

「ポリマー」という言葉でわかるように、反応としては縮重合反応が生じていて、シリカを主原料としその結晶をつなぎ合わせていくのが鉄イオンやアルミニウムイオンで、セメントクリンカーを全く使わず、スラグ微粉末、フライアッシュ、シリカフュームといった産業副産物を利用し、アルカリ刺激材を加えることで、この

ような複合体が出来上がるというものです。

さて、ポルトランドセメントの使用量を削減することで問題となるのは中性化です。これまでの鉄筋コンクリート建築物では、中性化は、鉄筋の周りのコンクリートのアルカリ性を中性に変え、鉄筋を錆びさせるという現象を引き起こすので、非常に注意しなければいけない劣化現象であったと思います。これが従来の考え方で、中性化深さが鉄筋の位置に到達すると、鉄筋の腐食が発生し、もうそこで寿命に到達するという判断をして、建築物が壊されていく、ということになっていました。ポルトランドセメントを削減することでより中性化が速く進むため、地上部の構造躯体にはジオポリマーやポルトランドセメントを80％程度削減したようなコンクリートはなかなか使いづらいと考えられていたわけです。

しかし昨今、中性化が鉄筋の位置に到達したとしても、そのコンクリートの周りのコンクリートに水が存在しない状況であれば錆は発生しない。発生したとしてもその発生のスピード自体が非常に遅く、まず問題になることはないという調査結果等がでてきました。現在、日本建築学会のJASS 5という標準仕様書を改定中ですが、空調機が一年中効いているような部屋に関しては、そこに面しているコンクリートは、中性化はするけれども水分は存在しないので、鉄筋は将来的にも腐食することはないであろう、というパラダイムシフトがなされているところです。

そういう環境のことを非腐食環境と呼び、室内側の部材については、中性化しても鉄筋は腐食しないだろうということで、そこに存在するコンクリートはカーボンニュートラル化に寄与させる方向に転換できるのではないかと言えます。

コンクリートの製造時のCO₂排出削減

■低炭素コンクリート
□普通セメントの70％以上を高炉スラグ微粉末、フライアッシュ、シリカフュームなどの産業副産物で置換
□コンクリート構造物全般に適用可能 基礎や地中梁などのマスコンクリートが最適
□中性化が速い かぶり厚さの確保、調合の検討が重要

■ジオポリマーコンクリート（セメント不使用）
□ジオポリマー：アルミナシリカ粉末とアルカリ溶液の縮重合反応で生じる固化体の総称

呼び強度：36
80％低減

一般のコンクリート　低炭素型のコンクリート

図9　コンクリートの製造時のCO₂排出削減

ポルトランドセメントの使用量削減

■鉄筋コンクリートにおける中性化問題のパラダイムシフト
□従来
◆中性化深さ＝鉄筋位置→鉄筋の腐食発生→建築物の寿命
◆ポルトランドセメント量減少→Ca(OH)₂生成量少→中性化の進行が速い
◆ポゾラン活性を有する産業副産物の使用→Ca(OH)₂消費→中性化の進行が速い
□今後
◆中性化深さ＝鉄筋位置、水が存在しない→鉄筋は腐食しない（ほとんど腐食しない）

■非腐食環境
□建築外皮（外壁、屋根、基礎）以外の部材
◆戸境壁、間仕切壁、最下階以外の床
□浴室など高湿度環境になる室を構成しない部材

■中性化＝CO₂の吸収・固定化
□鋼材が含まれない建材、水分が作用しない環境にある建材→中性化促進→カーボンニュートラル化

図10　ポルトランドセメントの使用量削減

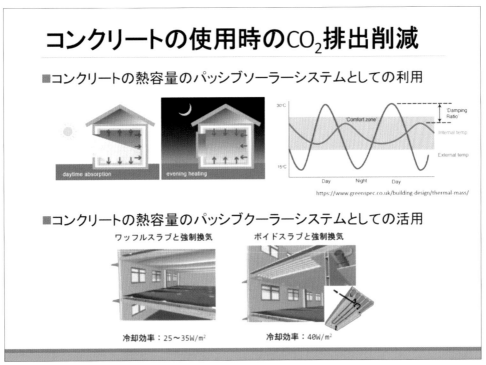

図11　コンクリートの使用時のCO_2排出削減

以上がセメントクリンカー量の削減によるCO_2排出削減への寄与ですが、建築物の使用時にもコンクリートがいかにCO_2削減に寄与できるか、その一例を示します（図11）。コンクリートは非常に熱容量の大きい材料で一度温めるとなかなか冷めにくく、逆に冷やすと温まりにくい性質を持っています。図11の上の図は冬場を想定し、太陽高度が低い状態で室内に日射が到達するとします。そこは熱容量が大きいコンクリートの床や壁があり、日射熱があたり熱を吸収します。夜になるとその吸った熱を室内に出していくことで暖房がそれほどいらない環境が作り出せます。屋外とは非常に温度差がある状態であっても室内はある一定レベルに温度が保たれる。これが、コンクリートの熱容量が大きいことを利用したパッシブソーラーシステムです。同様にパッシブクーラーシステムとして、コンクリートの中にボイドを形成させて、その中に冷たい空気を通気させることで、夏場、室内の温度を一定に保てます。これによって冷房負荷が下がりCO_2排出削減に寄与するということも提案され、実際に使われている状況です。

● セメント・コンクリートにおけるCO_2利用

ここまでがセメント・コンクリートのCO_2排出削減、ここからはセメント・コンクリートにおけるCO_2利用について話をさせていただきます。

図12　ムーンショット目標4

ムーンショット目標4は内閣府で定められた研究開発で、日本が向かうべき目標の4つ目、2050年までに地球環境再生に向けた持続可能な資源循環を実現するというものです。

「ムーンショット」というのは、昔アメリカがソ連と競って宇宙開発をしていた時に、アメリカがアポロを打ち上げて月面着陸を果たし、（初めて人間が月面を）歩くという（偉業を達成するという）ことがありました。それに近い、将来を見据えてチャレンジングな研究開発を行っていこうというものです。

非常に長い年月をかけてでも達成できれば、非常に先端的であり世の中に非常に大きく貢献するというもので、ムーンショット目標の一つが資源循環です。ただ

し資源として循環させるものは何かと言うと「CO₂」です。今までお話してきたように、建設に伴ってCO₂が排出されるので、それを削減する方法の研究開発がこれまでなされてきたのですが、ムーンショットでは、排出されてしまった大気中のCO₂を資源とみなして、それをもう一度利用することを目指します。これが達成されることでCO₂の排出量が減り、大気中のCO₂量も減少し、サステナブルなCO₂の循環形態が出来上がります。これにセメント・コンクリートが寄与できるのではないかということで、研究開発が進められています。

セメント・コンクリートは、その主原料が炭酸カルシウムである石灰石から作ったセメントで、CO₂と分離してしまったカルシウム（炭酸カルシウムから分離してしまったカルシウム）がセメント・コンクリート中にあるためCO₂を吸収させてカルシウムと反応させ、固定化できればいいというわけです。

今までは二酸化炭素はコンクリートを中性化させ、鉄筋を錆びさせる原因になる物質で、悪者だったのですが、この現象を利用して二酸化炭素を吸収し、地球温暖化の抑制に役立たせる。極端に言えば、コンクリートを完全に中性化させてしまうということです。また、解体後、路盤材等へ転用されていく段階でもCO₂を吸収させることができます。

NEDOがムーンショット目標4の事業を展開していますが、ムーンショット目標以外の研究開発に対してもNEDO事業が行われていて、ここに挙げるだけでも10弱の研究開発がなされています。これらはすべてコンクリートやセメント系材料に関わるものです。現在多くの研究開発が実施されていて、2030年頃には実用化され、セメント・コンクリートは二酸化炭素を吸収固定できる材料に生まれ変わっているのではないかと思います。

図13　カーボンリサイクル

セメント・コンクリート系のNEDO事業

事業名	研究開発項目	実施者	事業期間
炭素循環型セメント製造プロセス技術開発	1) セメントキルン排ガスからのCO₂分離・回収パイロット実証 2) 再資源化によるCO₂排出削減・CO₂固定化研究開発 2-1) セメント廃棄物（廃コンクリート、生コンクリートスラッジ等）の再資源化（セメント原料化、土木資材化）によるCO₂排出削減 2-2) セメント製品（生コンクリート、コンクリート製品等）へのCO₂固定	太平洋セメント	2020～2021年度
カーボンリサイクル・次世代火力発電等技術開発／CO₂排出削減・有効利用実用化技術開発／炭酸塩、コンクリート製品・コンクリート構造物へのCO₂利用技術開発	化石燃料排ガスのCO₂を微細ミスト技術により回収、CO₂を原料とする炭酸塩生成技術の研究開発	双日、トクヤマ、ナノミストテクノロジーズ	
	海水および廃かん水を用いた有価物併産CO₂固定化技術の研究開発	早稲田大学、ササクラ、日揮グローバル	
	マイクロ波によるCO₂吸収焼結体の研究開発—トリプルCリサイクル技術（CO₂-TriCOM：シーオーツートリコム）の開発—	中国電力、広島大学、中国高圧コンクリート工業	2020～2024年度
	廃コンクリートなど産業廃棄物中のカルシウム等を用いた加速炭酸塩化プロセスの研究開発	出光興産、宇部興産、日揮グローバル、日揮、成蹊大学、東北大学	
	セメント系廃材を活用したCO₂固定プロセス及び副産物の建設分野への利用技術の研究	竹中工務店	
カーボンリサイクル・次世代火力発電等技術開発／次世代火力発電技術推進事業／カーボンリサイクル技術の共通基盤技術開発	カルシウム含有廃棄物からのCa抽出およびCO₂鉱物固定化技術の研究開発	住友大阪セメント、山口大学、九州大学	2020～2022年度
カーボンリサイクル・次世代火力発電等技術開発／CO₂有効利用拠点における技術開発[1]	CO₂有効利用コンクリートの研究開発	中国電力、鹿島建設、三菱商事	2020～2024年度
ムーンショット型研究開発事業	C⁴S研究開発プロジェクト C⁴S: Calcium Carbonate Circulation System for Construction （建設分野の炭酸カルシウム循環システム）	東京大学、北海道大学	2020年度から最長10年間

図14　セメント・コンクリート系のNEDO事業

その例を少し説明します。**図15**は北米企業のものですが、二酸化炭素を利用して骨材を製造する技術開発です。右下にあるような骨材が二酸化炭素を原料としてつくられています。核となる骨材は必要ですが、その周りに炭酸カルシウムを析出させて、**図15**の中央の写真にあるように、層状に炭酸カルシウムを増やしていくことで骨材をつくり上げるものです。骨材はコンクリート中の70％の体積を占め、この技術が汎用的に使われるようになれば1 ㎥のコンクリートで790kgの二酸化炭素を固定化できる技術になります。

同じような技術としては大成建設の「T-eConcrete／Carbon-Recycle」があります。こちらも二酸化炭素を利用して炭酸カルシウムをつくり上げますが、炭酸カルシウムを骨材ではなく粉体として利用するものです。コンクリートの製造時に炭酸カルシウムを粉体として用い、セメントを全く使わないジオポリマー的なコンクリートとすることで－50kg /㎥のカーボンマイナスが見込まれる技術です。

このようにセメント・コンクリートがカーボンニュートラルではなくカーボンマイナス（になる）という世界も見えてきています。

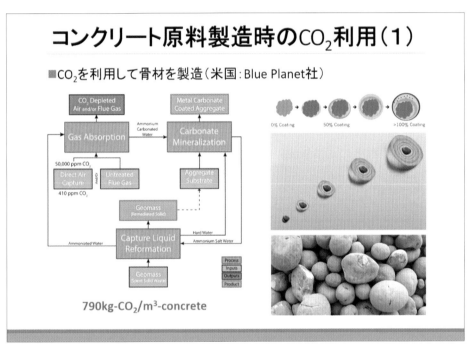

図15　コンクリート原料製造時のCO₂利用⑴

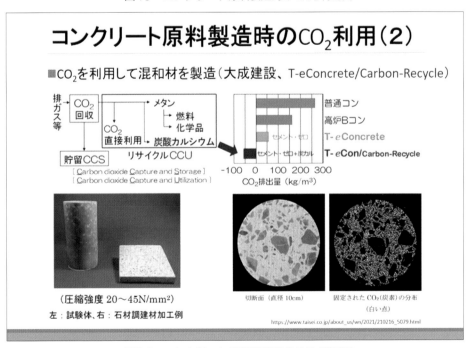

図16　コンクリート原料製造時のCO₂利用⑵

それから、生コンクリートを製造する段階でのCO₂利用については、カナダのCarbonCure社の技術があります。すでに日本でも導入が始まりかけていますが、コンクリートを練り混ぜる段階で、二酸化炭素が取り込まれ、図17右上のイラストのようにカルシウムイオンと炭酸イオンを結合させて炭酸カルシウムにします。その炭酸カルシウムの周りにセメントの水和物が析出してセメントの水和反応の促進に寄与します。固定化されるCO₂量はそう多くはないのですが、セメントの水和反応の促進によるセメント量の削減が大きく寄与して、1 ㎥の生コンクリートを作る段階で、二酸化炭素の排出量が15kg／㎥減少するという技術です。この技術はブロックとかプレキャストコンクリートをつくる場合にも使えるものです。

続いて、コンクリートを養生する段階です。通常は二酸化炭素ではなく水中でコンクリートは養生されますが、その養生の段階で二酸化炭素を導入するものです。図18のフローチャートのオレンジの部分が二酸化炭素養生です。この前に、通常のように水を用いた前養生を行います。その前養生で生じる水酸化カルシウム等を二酸化炭素と結びつけ、炭酸カルシウムにするもので、図19左の上のような化学反応、つまりセメントの主成分であるC3SおよびC2Sと二酸化炭素に水が加わり炭酸カルシウムを形成させながら水和物も通常と同様に作っていく技術で、通常よりも高い強度が得られるというデータが得られています。

セメントに含まれるカルシウムの24％がCO₂を固定化していきながら強度発現もできるという技術です。

次は特殊な混和材とCO₂を反応させて硬化させるもので、こちらは通常のセメントではありません。特殊な混和材の一例として、γ-C2Sというものが使われていますが、これは二酸化炭素としか反応せず、水とは反応しません。これを使って硬化体を形成することで、図19右のグラフのように、CO₂を原料としてγ-C2Sと反応させていくことで、カーボンマイナスの状態に持っていくことができる技術で工場製品に適用されるものです。

図20がムーンショットで採択された、我々が開発していますカーボンニュートラルなカルシウムカーボネイトコンクリートです。これは、構造物解体後に出る廃

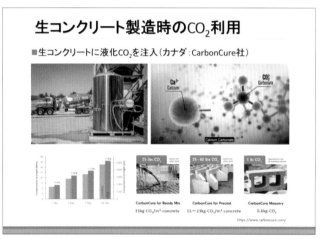

図17　生コンクリート製造時のCO₂利用

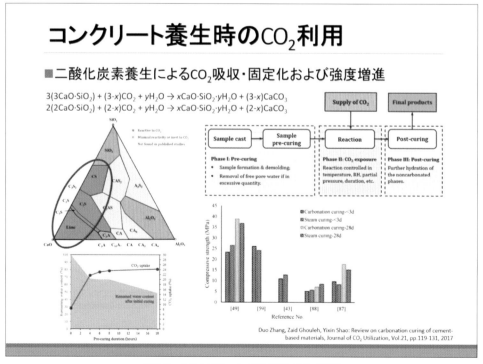

図18　コンクリート養生時のCO₂利用

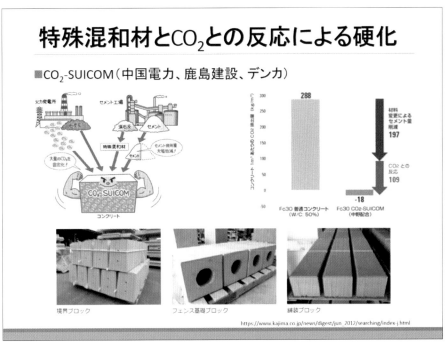

図19　特殊混和材とCO_2との反応による硬化

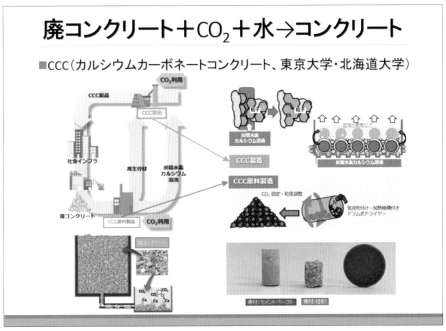

図20　廃コンクリート＋CO_2＋水→コンクリート

コンクリートと二酸化炭素と水だけを使い、二酸化炭素を水の中に溶け込ませ、そこに廃コンクリート粉末を入れて炭酸水素カルシウム溶液を作り、一方でコンクリート廃棄物を骨材として使い、その骨材間に炭酸水素カルシウム溶液を通水し、炭酸カルシウムを析出させてつないでいく技術です。

　現在右下の写真のように非常に小さな試験体ですが、砕いて中性化させたセメント硬化体に炭酸水素カルシウム溶液を通水させることで、結合体をつくることができます。また同様に、骨材として珪砂を使いその間を炭酸カルシウムで結合していくという技術開発もされております。

　現在、セメントの生産によって、国内では年間2,640万トンの二酸化炭素が排出されています。これまでのセメント生産量を考えると、累積で日本では20億トン、世界全体では550億トンの二酸化炭素がセメント生産に伴う脱炭素によって排出されており、大気中の二酸化炭素の量の一部を形成しています。一方、炭酸カルシウムから分離したカルシウムはコンクリート構造物中に存在しています。

15

図22はカルシウムカーボネートコンクリートの生産、すなわち、大気中の二酸化炭素を廃コンクリート中のカルシウムと結びつけて新しいコンクリートを生産していく場合の循環を示しています。この循環はコンクリートでなくとも、セメント系の建材でも同様のものを構築できます。つまりカルシウムがどこかに存在すればそれと二酸化炭素を結びつけて建材にできるということで、将来的にはこのような炭酸カルシウムをベースとする建材やコンクリートが現在のセメント系材料やコンクリートに置き換わっていくことで、本当

のカーボンニュートラルが実現できるのではないかと考えています。

図23はその状態を表したものですが、カルシウムと二酸化炭素を結合させることによりコンクリート1 m^{3}で124kgの二酸化炭素を吸収固定化でき、生産時の排出量を考えてもマイナス73kg /m^{3}の状態にできる状況です。CCCになった後は、カルシウムは炭酸カルシウムに変わっていますので、2回目のリサイクルからは、この「－124」というのはなくなりますが、現況のセメ

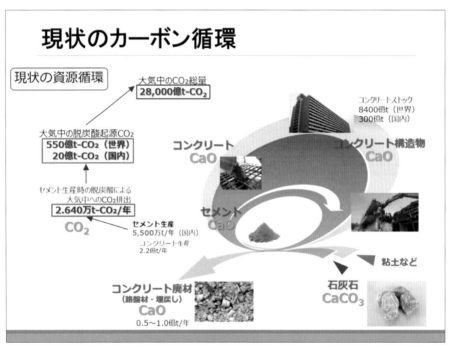

図21　現状のカーボン循環

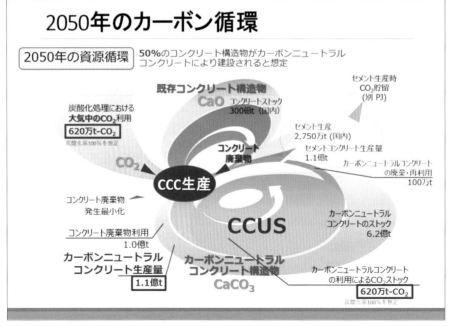

図22　2050年のカーボン循環

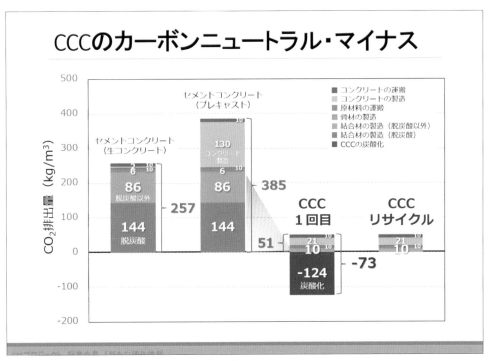

図23　CCCのカーボンニュートラル・マイナス

ント・コンクリートの生産に比べるとかなり少なくなっており、この程度の排出量であれば、自然界に吸収される二酸化炭素の量（と同程度）になっているのではないかと思います。

　このCCCが利用できるようになると、年間－620万トンも大気から二酸化炭素がなくなって行き、将来すべての構造物がこのCCCで建設できるようになると、年間2,400万トンも大気中から二酸化炭素が削減されていくことになります。

　ということで、CO_2の排出削減だけではなく、CO_2の吸収利用という形を考えていくことで、セメント・コンクリートやセメント系建材もカーボンニュートラルの実現に寄与できると言えるのではないかと思います。

　以上、これまで木材だけに頼りがちだった地球温暖化抑制ですが、これからはセメント・コンクリートの出番もあるのではないかと思います。ご清聴どうもありがとうございました。

CCCによる大気中からのCO_2吸収

- ▲620万トン-CO_2/年
- 日本全体の排出量（113,800万トン/年）の0.54%
  - 毎年、構造物の解体で1億トンのコンクリート廃棄物発生
  - コンクリート廃棄物1トンに含まれるセメント量：0.13トン
  - セメント1トン生産時に脱炭酸で生じるCO_2：0.48トン
  - コンクリート廃棄物1トンのCO_2吸収可能量：0.062トン

- 将来もし、構造物の「建設量＝解体量」になっていると、
  ▲2,400万トン-CO_2/年の固定化
  - 日本全体の排出量の2.11%

図24　CCCによる大気中からのCO_2の吸収

図25　カーボンニュートラルの実現

2 マンション計画修繕における外壁のバリューアップ設計 日本建築学会規準（JAMS 4-RC「外壁複合改修工法」）

山口 実
建物診断設計事業協同組合　理事長

● はじめに

　私のお話しは「マンション計画修繕における外壁の
バリューアップ設計（日本建築学会基準 JAMS 4-RC）
『外壁複合改修工法』」についてです。私は建物診断設計
事業協同組合の理事長をしております。同団体は平成
8年に認可設立し今日までマンションの診断や改修設
計監理などを主な業務として活動しております。

　最初にお話したいのは、当初（25年前）と現在はだい
ぶ違ってきているということです。マンションは長寿
命化しています。30 〜 20年ほど前には、マンションの
寿命は（戦後建てられた建物の感覚的な平均寿命から）
30年位と何の（大した）根拠もなしに言われていまし
た。今日ではそれはおかしいと多くの人がご存知だと
思います。そもそもRC造は他の構造に比べて長寿命で
す。それにも増してマンションは図1にあるように、長
期修繕計画やそれに基づく計画修繕の普及および日常
管理によって、劣化現象に対応できるようになってき
ました。計画的な修繕を行っているという事です。

　2つ目に、マンションは昔「（住宅）すごろく」で次
に出世するための階段だったのですが、今は永住志向
が進み自らの住処を大切にするという傾向が特に強く
なったこと。

　3つ目は環境問題で、スクラップ＆ビルドから脱却
しようという社会的方向があるということ。それは何
よりもマンションの建て替えが難しいということがだ
んだんわかってきて、マンションは長寿命化している
といえます。

　さて、高経年マンションの比率はどうか、国土交通省
のデータに基づいて独自に作ってみました。図2の左
側がその時の年数です。1999年にはブルーの築30年
以上はほとんどありません。それが2019年にはなんと
ストックの30％以上が築30年以上。そして2029年の
推計を出したところ、約半分の46％が築30年以上に
なります。

　図1　マンションは長寿命化している

さて、ここから考えたいのは、「高経年マンションは
社会的ニーズに対応するために改良工事が多くなる」
これが今日のメインテーマです。図3のように当然、そ
の建物の劣化曲線は（下に向かい）ますが、グリーンの
社会的向上線に呼応していき、年数が経てば経つほど
幅が広くなってしまいます。そうすると社会的向上線
に対応するように改良工事が必要になります。

　図4は窓サッシで改修工事です。実際の例を上げま
すと、だいぶ前から補助金があって、かなりいろんなマ
ンションでやりました。一番の目的は断熱です。

　当然サッシは断熱だけではなく、風圧や水密性、遮
音等の性能もかなり向上しています。改良改善が典型
的な例です。

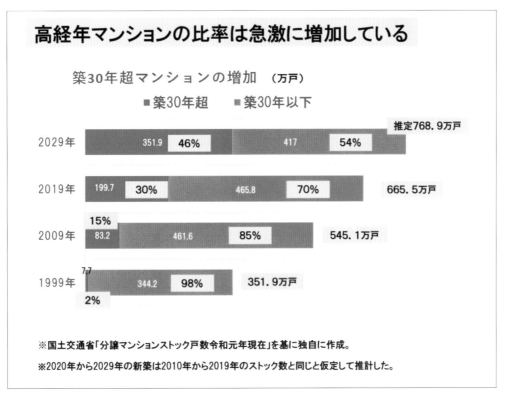

図2　高経年マンションの比率は急激に増加している

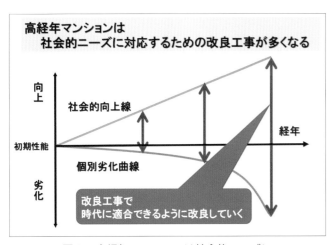

図3　高経年マンションは社会的ニーズに
対応するための改良工事が多くなる

図4　例：窓サッシ改修工事

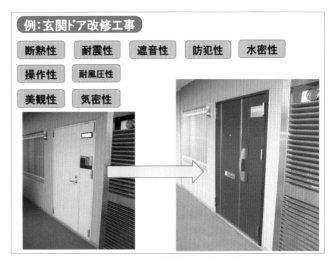

図5　例：玄関ドア改修工事

　次に（改良工事が）多いのは玄関ドアです。今から10数年前に、泥棒によるピッキングが問題になりました。防犯上の問題ですから防犯性を上げようと開口部をどんどん改良していくと、断熱性、耐震性、遮音性それから機密性、そして玄関ですから何よりも大事なのが美観です。ガラッと変わります。ですから多くのマンションで開口部の改修は支持を得てかなり普及しました。改良工事の典型的な例です。

次の図6はバリアフリーです。バリアフリーの例はいっぱいありますが、ここでごく簡単な例をだしますと、まずスロープです。スロープを設置するのは、実はかなり大事なことで、乳母車や買い物のカーゴなども皆さん普通に使っていますので、すごく楽になります。それから意外に気づかないのは自動ドアです。荷物を持ってドアを開けるのは非常に大変で、自動ドアをつけようという改良。図6下の左側は手すりです。昔は手すりがスチール製で、錆びたりするとかなり危険、また、見苦しいということもあって、多くがアルミ製に替えられました。下の右の例はちょっと変わっているのであえてご紹介しますが、エアコンの室外機設置場所を造ったのです。どういうことかというと、昔の建物は南側のベランダには室外機を置けるけれども、他の部屋は置けない（置く場所がない）。特に北側は置けない。そこで設置場所を作ろうということです。もちろん構造計算も全部して、サービスメンテもできるようにするという例です。

次の図7は給排水設備です。これは多くのところでやっているのですが、築30年以上ぐらいの建物は配管が錆びるものが多い。錆びることで漏水を起こしたり、目詰まりを起こしたり、色々な現象が出てきます。それで改良工事を行いますが、色々な配管材料、現在の配管材料は原則的に錆びませんから耐久性が極端に伸びます。さらに図7右下のパイプは耐震性のパイプで、そういうものに替えることで給排水設備を改良していこうということです。

また給水設備のシステムも、貯水槽に水を一旦貯めて、そして上げるのは昔、普通のやり方だったのですが、最近では水道局の管をそのまま直結することが多くなってきました。それへの改良工事も大変多く行われています。

図8のように改良工事には色々な例があります。個々のマンションのニーズに合わせてやります。その時にまず安全性の向上、それから快適性の向上、さらに経済性、それらを目的とするということ。よくやられるのは図8あるように耐震補強。ちなみに旧耐震は104万戸と言われていますから、膨大なストックがあります。それから防火対策、防音、最近はゲリラ豪雨のようなものに対しても対策を必要としますので、雨、風、さらに防犯、バリアフリー、そして高気密・高断熱です。

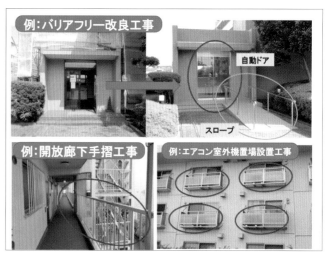

図6　バリアフリー改良工事

図7　例：給排水設備工事

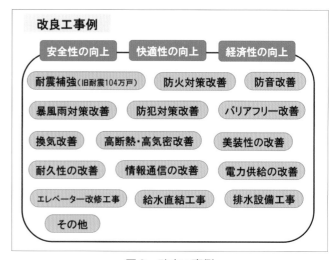

図8　改良工事例

さらに、さっきの配管のように耐久性の向上、エレベーターの改修工事、これはより安全な状態に持っていこうということだと思います。

■ 大規模修繕工事の主役を担ってきた 外壁等の進化

さて、これからが今日のお話のメインになるのですが、大規模修繕工事の主役を担ってきた外壁等の進化ということに触れたいと思います。

塗装工事は20年前、30年前と、現在使われている塗料は全く違います。本当に長寿命型になりました。さらに、低汚染です。そういうことでは外壁塗装も進化しています。

さらにシーリング材、防水材も長寿命になった上に、適材適所に選択出来るようになりました。選択の幅が広がったことが大事だと思います。

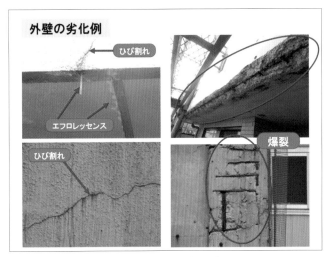

図10　外壁の劣化例

大規模修繕工事の主役を担ってきた外壁等の進化

①塗装工事の塗料は低汚染長寿命になった。
②シーリング材や防水改修工事も長寿命と適材適所で選択できるようになった。
③安全管理、品質管理、工程管理、全体的なコストパフォーマンス、さらに区分所有者や居住者への広報活動等が適正で健全化した。等々

ところが、外壁関係で生々しい話として現在でも現場で問題になっているは・・・

①タイルの浮きと剥落

②部分的補修で行ってきた外壁改修の限界

図9　大規模修繕工事の主役を担ってきた外壁等の進化

図11　最近のタイルの剥落例

3番目、安全管理、品質管理、工程管理、さらに全体的なコストパフォーマンス、さらに区分所有者や居住者への広報活動等が適正で健全化しました。これはマンションの計画修繕に、管理組合と居住者の方も慣れてきて工事をやる側も一定の工法に慣れてきました。とにかく広報が大事、丁寧な説明が大事だということに慣れてきて、その宣伝効果が出てきて進化したのだと思います。

ところが外壁関係での生々しい話として、現在でも現場で問題になっていることがあります。実はこれはタイルの浮きと剥落、それから2番目に、部分的補修で行ってきた外壁の限界です。これは割と話題には出ないのですが、現場に出ている者はみんな知っています。これを放置してはいけないということになってきたわけです。

今までの補修方法では、例えば外壁の劣化は図10の左のひび割れやエフロレッセンス、右側の爆裂等々の補修がありました。これらは、例えばひび割れだったらUカット、それから樹脂の注入、ピンで止める、そういう方法でやってきました。では、これでどうだったのかが反省点として出てきます。

そこで考えたいのは、図11のような事例も出てきたことです。これは割と新しい2013年ぐらいのタイルの剥落です。築13年位だったと思います。ご覧のようにタイルが全くくっついていない。手でポロポロと取れてしまう。1回手で触ったら取れてしまう。本来タイルを張る場合には色々なことをやらなければいけないのです。まず、目荒しといって接着面を増やすために目を荒らす（躯体表面をざらざら凸凹にする）。それから接着剤の問題がありました。型枠の問題がありました。それが現在でもかなり問題になっていて、これを放置してはいけないのです。

図12左側も実際に私がそこに行って手で取れてしまいました。右側はある地方で、鉄筋コンクリートが爆裂状態になっていてタイルがボロボロ落ちた事例です。このように実は外壁改修の問題には少々困っていました。他の改良工事に比べて、正直どうしたものかということがありました。

そこで今日のメインの話になります。図13のJAMSとは日本建築学会の建築保全標準によるRC造改修設計基準というのがあり、左が実物の写真です。これが今年2021年2月25日に刊行されました。これには図13右下の黄色の所にあるように、外壁複合改修工法（ピンネット工法）が同改修設計基準に明文化されました。従来の工法が補修であるのに対して、これは改良工事という位置づけになっています。非常に画期的と言っていいと思います。そこで説明をさせてもらいます。

ピンネットというのはご存知の方も多いと思います。

図14は外壁複合改修工法協議会のホームページからお借りした図ですが、まさに複合で、ざっといえば下処理をしてネットを張る。ネットを張ってその上に塗って、図右側、ピンでそれを止める。ざっくり言えばこうなります。

これは今まで、例えばここに注入とか、ピンをというのは言わば「点」です。それからひび割れに対するUカットは「線」です。それに対してこれは「面」で抑えるという効果があります。まさに面で抑えることの意味が大きいということです。

図15がその写真です。（左上）下地処理をして、（右上）その上にネットを張り、（左下）それをピンで抑えます。（右下）それで仕上げとなります。これがピンネット外壁複合改修工法です。今の仕上げには色々な仕上げ方法があるので、それは各社の特徴になりますが、いずれにしても、ネットとピンで「面」で抑えるのが肝要なところだと思います。

図12　最近のタイルの剥落の例

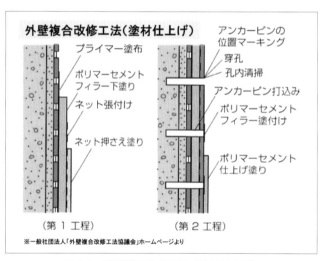
図14　外壁複合改修工法（塗材仕上げ）

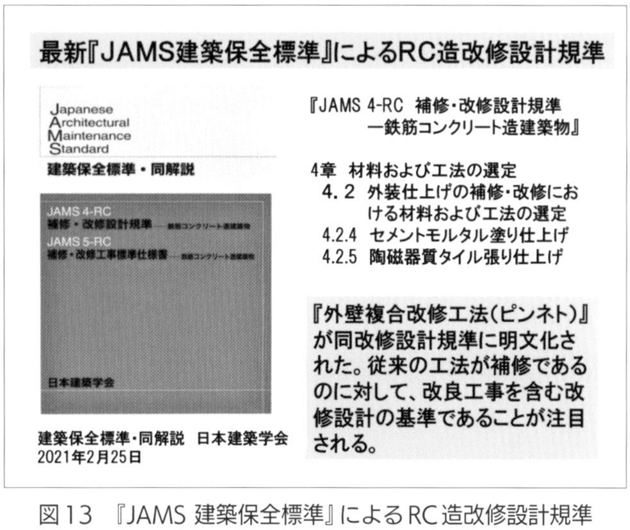

図13　『JAMS建築保全標準』によるRC造改修設計規準

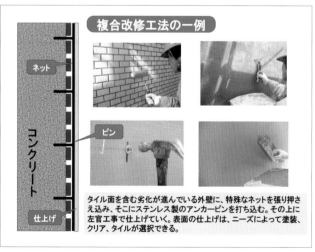
図15　複合改修工法の一例

図16は模型です。モルタルの上にタイルが張ってあります。そこに上からネットを張ってピンで抑えている。コンクリートまで抑える。まさに模型で見た方が分かりやすいと思いますので出してみました。

図17は中身です。先ほど言った日本建築学会の本によると、まずJAMS 4-RCの4.2.4というところに、「セメントモルタル仕上げ」があり、「アンカーピンニングエポキシ樹脂注入工法や部分的なセメントモルタルの塗り替えは、当面の剥落を防止することが目的であり、事実上支障がないレベルまでの回復になる。」となっています。回復です。さらに、「また、アンカーピンニングエポキシ樹脂全面注入、セメントモルタルの塗替え工法などは、エポキシ樹脂やセメントモルタルの接着に頼る不確実さが拭えないため、初期性能までの回復にとどまる。」とあります。最初に建築したところまで回復するが、それでしかないということです。

「一方、アンカーピンニングと繊維ネットを併用した複合改修工法は、アンカーピンニングによる強度設計が可能で信頼性が高く、日本建築センターの建築技術評価規定第９条１項の規定に基づく建築大臣による評価を受けており、当時の技術開発目標は（次の通り）である。」となっています。そこで、「外壁複合改修工法の技術開発目標」は「①外壁仕上げ層の剥落に対する安全性を確保するものであること」いいですね、「②耐久性を有すること」とありますが、ここは大切なところです。耐久性は後でてくる経済性に直結します。「③施工性を有すること」、あまり特殊な技術だと普及しない、そこで施工性は大事です。そして「④経済性に優れていること」。これが開発目標でした。

さて、**図19**はその基準に出ている図を若干私が手直ししたものですが、下の赤い線は事実上支障のないレベル。現状がそれ以下だとしたならば、事実上支障が

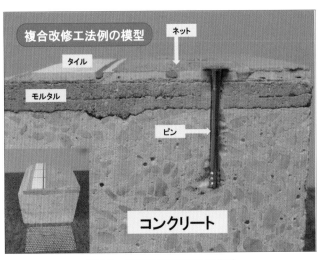

図16　複合改修工法例の模型

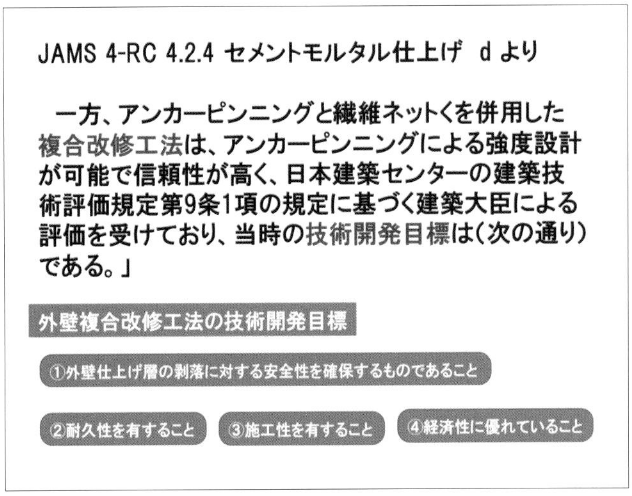

JAMS 4-RC 4.2.4 セメントモルタル仕上げ　d より

一方、アンカーピンニングと繊維ネットくを併用した複合改修工法は、アンカーピンニングによる強度設計が可能で信頼性が高く、日本建築センターの建築技術評価規定第9条1項の規定に基づく建築大臣による評価を受けており、当時の技術開発目標は(次の通り)である。」

外壁複合改修工法の技術開発目標

①外壁仕上げ層の剥落に対する安全性を確保するものであること

②耐久性を有すること　③施工性を有すること　④経済性に優れていること

図18　JAMS 4-RC 4.2.4　つづき

JAMS 4-RC 4.2.4

セメントモルタル仕上げ　d より

「アンカーピンニングエポキシ樹脂注入工法や部分的なセメントモルタルの塗替えは、当面の剥落を防止することが目的であり、事実上支障がないレベルまでの回復になる。」
「また、アンカーピンニングエポキシ樹脂全面注入工法やセメントモルタルの塗替え工法などは、エポキシ樹脂やセメントモルタルの接着に頼る不確実さが拭えないため、初期性能までの回復にとどまる。

図17　JAMS 4-RC 4.2.4

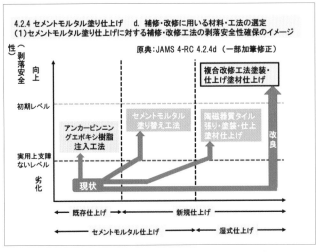

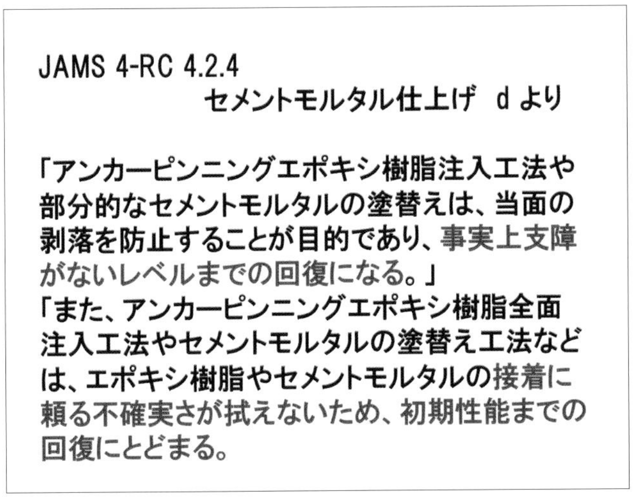

図19　JAMS 4-RC 4.2.4d（一部加筆修正）

ないレベルまで少なくともあげようと、これは従来の工法だということです。それはアンカーピンニングエポキシ樹脂注入工法、さらにはセメントモルタル塗り替え工法もそうです。これはがんばっても建築当初のレベルまで（の回復）だということです。磁器タイル張りの塗装仕上げの塗材仕上げも同じです。それに対して複合改修工法塗装・仕上げ塗材仕上げは初期レベル、新築時のレベルよりも上に持っていく。つまり改良です。改良とは新築時のレベルより上げるという意味です。これが非常に重要なところだと思います。

次に図20は同じやり方で磁器タイル。今タイルが問題だと言いましたが、磁器タイルも同じような事が出てきまして、「アンカーピンニング部分・全面エポキシ樹脂注入工法や陶磁器質タイルの部分・全面張替え工法は、エポキシ樹脂やポリマーセメントモルタルの接着に頼る不確実さが拭えないため、初期性能までの回復にとどまる。」と、今張替えがかなり多くなっていると思いますが、少なくともこの建築学会のJAMSでは、それは初期性能まで、頑張ってもそこまで、「一方アンカーピンニングと短繊維や繊維ネットで補強された透明樹脂塗装を併用する複合改修工法は、アンカーピンニングによる強度設計が可能で信頼性が高く…」と書いてありますが、要するに既存タイルに対してもこれは有効であるということです。特にこの中で触れているのが、図20下から2つ目のところに赤い文字で書いてありますが、「災害危険度の大きい壁面や部位については」使った方がいいと、黄色の所は「人通りの多い通路上など確実な剥落防止が必要な場合には、外壁複合改修工法の適用を検討する。」と明確に書かれています。

今、例えば地震に対して危険だというと、耐震補強になるが、仕上材に対しては、どこまで突っ込めるのかと。少なくとも一番危険性を懸念しているのはタイルです。磁器タイルですから、それに対してこれは有効であるという力強い言葉が出てきたということです。

図21も先ほどと同じように、グラフに描くと、磁器タイルの張替え工法は、頑張って初級レベルで、真ん中のところのグリーンのラインと赤いラインの間になります。それに対して複合改修工法は改良して初期レベルより上げることになります。これを考えた時に、これはかなり有効な手だてだろうと思います。

さて今までお話してきた中で改良という言葉を使ってきました。この本の中にも改修設計という言葉が使

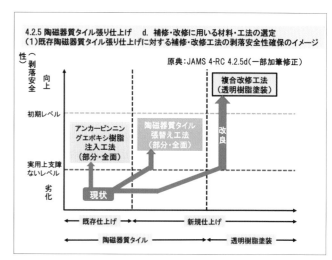

図20　補強の方針

図21　JAMS 4-RC 4.2.5d（一部加筆修正）

われていますけれども、「改修」の定義と狭い意味の修繕の違いをちょっとグラフに描いてみました。

まず「修繕」の方は今まで言ったように、初期性能まで持っていくことです。それに対して改修は社会が進化、進歩したそのレベルまで持っていって、修繕＋改良を改修というのだと。これが一般的な解釈です。さてそこで行くと、この改修という言葉の意味合いをもう少し考えたいと思っています。

それが今日の最後のお話で、バリューアップ、バリューアップ設計という言葉を言い出したのですが、一般にバリューはコストを破る機能というのがバリュー。某ファストフードでバリューセットというのがありますが、非常に価値あるものを低価格で提供ることが「バリュー」とすると、これをマンションで考えていくと、私がずっと前から言っているのは、機能の方は先ほど来言っていた改良方法はあるわけです。問題はコストの方です。そこについつい工事費だけでこ

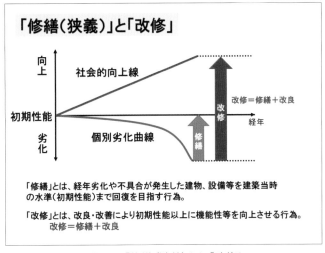

図22 「修繕（狭義）」と「改修」

図23 「改修」よりバリューアップ

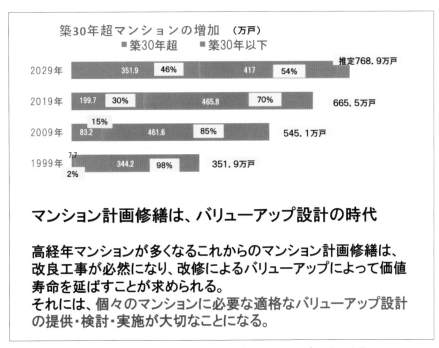

図24 マンション計画修繕は、バリューアップ設計の時代

れを考えるのではなく、ランニングコストを考えようということです。長寿命になるということは、当然ながらランニングコストが追加され、それが伸びることになります。そこが大変大切です。

さて最初にお見せしたグラフをもう一度見ていただくと、もう明らかにこれから古いマンションの比率が増えていきます。そこでこのマンション計画修繕というのは、バリューアップ設計の時代になるだろう。どうやって改良・改善してその価値を上げていくのかという時代になるだろうと思っています。高経年マンションが多くなるこれからのマンション計画修繕は改良工事が必然になり、改修にあるバリューアップによって価値寿命を延ばすことを求められる。それには個々の

マンションの必要な価格、的確なバリュー設計を提供する必要がある。これが大事なことだと思っています。そうすると設計事務所、それから管理組合、施工会社さらにはそういうマンションの関係者は、ここのところをぜひとも意識してほしいと思います。

計画修繕や長期修繕ということに引っ張られないで的確に改良していこうと思っています。

今日お話したいことはこれで終わりますが、これからも私ども活動を続けています。よろしくお願いします。それとこのR＆R展（https://www.rrshow.jp）に「マンション改修村」を出展しております。ぜひそちらも見ていただきたいと思っています。

ご静聴ありがとうございました。

3 耐震診断後の補強計画から耐震改修工事完了まで ～マンションの場合～

山内 哲理

JSCA東京 代表

● はじめに

本日は共同住宅の住民の皆様を対象にした耐震診断後の補強計画・補強工事が完了するまでを、実例を通してお話させていただきたいと思います。

図1左は1974年に竣工した今日お話しする建物で、現在は右の写真のように補強工事が終わっています。一見どこが変わったかあまり目立たないと思いますが、建物の6階の隅部分に新たに補強フレームを設置しました。この建物は特定緊急輸送道路に面している東京都の特定沿道建築物に該当しています。

図1 補強前 - 補強後

建物概要

名称	Sマンション
所在地	東京都杉並区
用途	2階より上部は共同住宅
	1階はエントランスホール、店舗、駐車場
	倉庫業トランクルーム、機械室
階数	地上9階、塔屋2階、地下なし　96戸、4店舗（1階）
延べ面積	7,376㎡
建築面積	1,728㎡
軒高	26.7m
構造種別	1階柱脚～6階梁 鉄骨鉄筋コンクリート造(SRC)（充腹形、非埋込）
	6階柱脚～PHR階　鉄筋コンクリート造（RC）
竣工年	昭和49年（1974）

2017　耐震総合安全機構（JASO）からA
　　　建築：坪内一級建築士事務所
　　　構造：ティ・アンド・エイ アソシエイツ

（東京都特定緊急輸送道路沿道建築物）

耐震診断（確認）東京都建築士事務所協会（平成25年）2013取得
　　診断者　　　他社

図2 建物概要

まず図2、建物の紹介です。杉並区内にあるマンションで2階から上は共同住宅、1階に店舗等が入っている地上9階建ての建物で、住宅が96戸、店舗が4店舗入っています。竣工後47年が経過し、2017年にNPO法人の耐震総合安全機構にアドバイザー派遣の依頼があり、耐震改修計画を進めていったもので、診断時には東京都建築士事務所協会で耐震診断確認書が交付されていた建物です。

この建物の構造は、柱のコンクリートの中には6階の床までは鉄筋と鉄骨が入っていて、6階からは上部は鉄骨がなくなり鉄筋だけで地震に抵抗する形式の建物となります。

建物の概要を先にお話させていただきます。図3が1階平面です。1階のエントランスを入るとすぐ左に住み込みの管理人室があり、他にドラッグストア、学習塾、寿司屋、倉庫業を営むトランクルームと、4店舗のオーナー店舗があるのが一つの特徴になります。そのほか駐車場やゴミ置場、住民用のトランクルームがあります。図3の下側（東側）の通りが特定緊急輸送道路で、右側（北側）に都道があり敷地の2面が道路に接した建物になります。

この1階平面図に赤い破線で描いた部分が、2階より上に建物が乗っている場所になります。1階は整形で長方形の建物ですけれども、2階から上は少し平面形状が変わりコの字型になる建物です。

図4で緑色で示す箇所が住戸です。2階から上部の住戸はコの字型に配置され、その中央に階段室・エレ

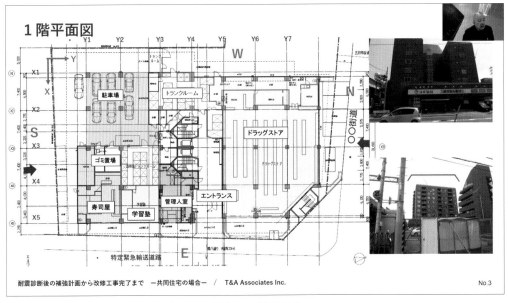

図3　1階平面図

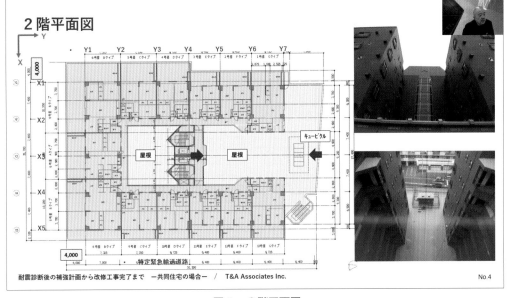

図4　2階平面図

ベーターがありコの字の上下とつながっています。2階は黄色い着色部が屋根になっていて、一部に電気設備の機械が設置されています。

建物の耐震性を考えるとき、地震はどの方向から来るかわかりませんので、地震が南北方向に来た場合と東西方向に来た場合の両方を考えて、耐震安全性を評価するのが普通よくやっていることです。そこで、**図4**の平面でみて上下方向に地震がくる場合をX方向地震（東西方向）、左右方向に地震が来る場合をY方向地震（南北方向）、というような形でお話をさせていただきたいと思います。

3階は、**図5**のように2階の屋根がなくなり、吹き抜けの中庭のようになっています。階段が建物中央にあ

り、つながるように中庭に面して外廊下が配置されています。逆に外周周りはバルコニー側となっていて外部に開けた建物になっています。

図6は建物を横から見た軸組図です。柱と梁の中に破線で描いてあるのが鉄骨で、鉄骨が入っている6階の床までが鉄骨鉄筋コンクリート造（SRC造）で、6階の柱から上は鉄筋コンクリート造（RC造）になっています。

柱の中に設けられている鉄骨は、**図6**の上、拡大図に示すようにT字型をしています。鉄骨は梯子状の格子形状やラチス形状ではなく、隙間のない鉄板で組まれた鉄骨が入っていて、SRC造の中では新しい形式で耐力の高い柱と梁になっています。

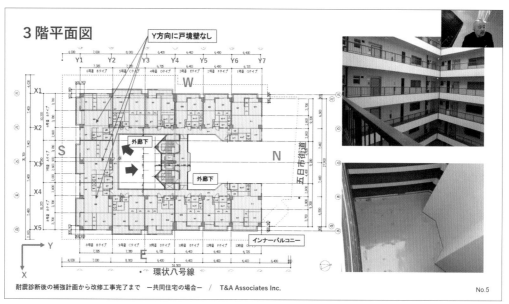

図5　3階平面図

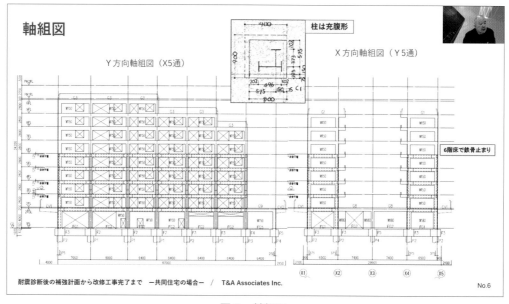

図6　軸組図

建物の診断は我々が実施したのではなく、他社が既に行っていました。図7は他社が実施した診断結果です。我々は診断をしていませんでしたので、他社の診断結果を元に耐震補強をどうしていくか、多方面から考えながら計画を進めていくことになります。図7の橙色の破線より下階がSRC造で、破線（6階）から上はRC造の建物です。この他社診断結果を見ると、Y方向に揺れる地震時にはRCに切り替わった6階と、1階から4階までが耐震強度が低くなっているという結果です。我々としてはこの診断結果をもとに耐震補強計画を立てていきます。

最初に診断をされた方が補強案も提案されています。図8のような補強案で、外観図や内観図を描かれていて補強案を説明されています。バルコニー面にブレースを入れ補強するのが一番いいというご提案です。図8のように外部からブレースが見え、部屋の中から見ると下右の写真のような感じになり、このようにブレース補強すれば耐震補強が出来るという案でした。

他社案は住民総会に提案されましたが、ブレース案は住民からは受け入れられず、結局合意できないまま総会では住民からの反対で否決され、補強実施に至らず困ったことになっていたのです。その数年後、否決されたことを受けて、私の所属団体である耐震総合安全機構「JASO（ジャソ）」に依頼があり、私がアドバイザー派遣としてお伺いしました。何回かの打合せを経て、私からお願いしたJASOの建築担当と2人で、管理組合の理事会に参加しながら耐震改修計画案を作成することになりました。

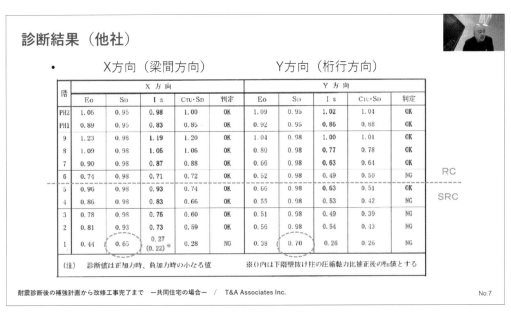

図7　診断結果（他社）

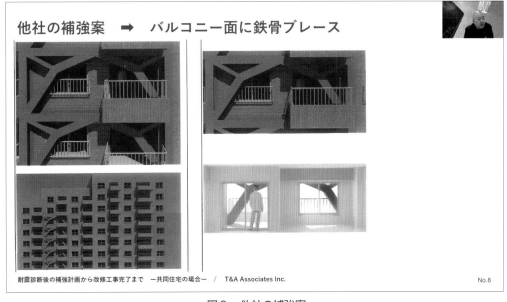

図8　他社の補強案

外周部にブレースを設置する案が否決されたという経緯から、我々は「それではどうしようか」ということで中庭に注目し、ここに補強部材を設置すればコの字形の**図9**に示す建物が一体になって耐震性が高まるのではないか、中庭なら外廊下側となり住民の方はあまり気にならないのではないかということで、まず、A案として中庭に耐震要素を設置する案を考えました。

平面型で見ると**図10**のような形です。橙色のところに鉄骨フレームを設けて水平と鉛直にブレースを入れれば、左右に分かれた建物は一体化され、全体として非常に耐震性が高くなるだろうという提案をしました。2階から上部がそういう補強形式になるのですが、鉄骨フレームを受ける1階はRC造の柱となっていて、大きな軸力を受けることが想定されるため、店舗内での補強が必要になりそうなことが一つネックになりました。

図11は我々のスタッフが作ったものです。もともとの建物形状と、どのような補強を考えているのかを住民の皆さんに分かりやすいように、3Dのpdfファイルに作ってもらいました。このpdfファイルは、PCなどのモニタで実際の模型を見るようにグルグル動かして、見たいところを自由に見ることができるようになっています。

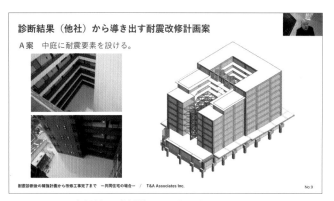

図9　診断結果（他社）から導き出す耐震改修計画案

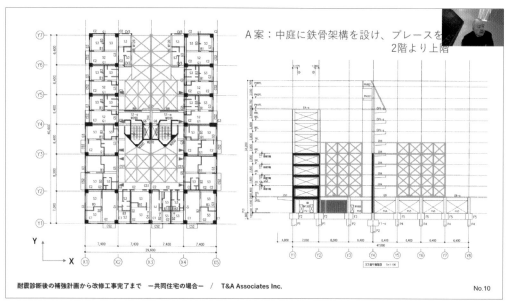

図10　A案

図11　3D PDFの作成

　例えば**図12**のように要素ごとに色塗りしてわかり
やすくすることもできますので、住民の方にとっては
身近に感じられ、分かりやすいと思います。

　それで、A案の場合1階の補強をどうするかですが、
1階には店舗がありますし、当時すべての店舗に我々
が入って調査しているわけではなかったので、考えら
れる補強箇所は、あまり店舗の方たちに負担がないよ
うな補強の方法を**図13**のようにたくさん提案し、それ
に基づいてヒアリングをしながら、補強可能なところ
を絞っていきました。

　図14は建築担当に作っていただいた、1階周りで
耐震補強できそうな箇所の一覧図です。管理組合の理
事会でお話をさせていただきながら、補強可能箇所を
探って行きました。

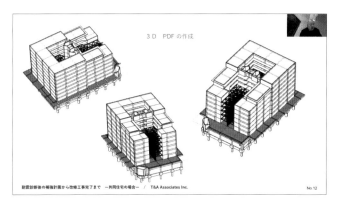

図12　3D PDF

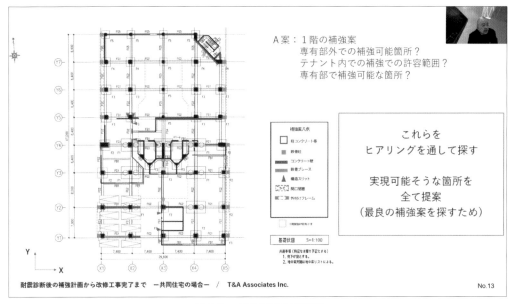

図13　A案1階の補強案

図14　1階まわりの補強可能場所の確認

31

A案の是非を話し合ううちに、店舗内の柱で補強を行うのはなかなか厳しいのでは、ということになったので、次にB案として中庭補強は取りやめて、図15の青い部分に新たに地震力を負担させるフレームを設置して耐震補強とする案を提案しました。

図16は軸組図ですが、黒い部分に鉄骨が入っていまして、そこに合わせて補強フレームを、出っ張っている既存の1階部分の上に青で示すように設置したらよい補強になるのではないかと考え、B案として提案しました。

ただ、図16の青い部分に補強フレームを設けても足下の1階の既存柱に大きな力が集まってくるのは同じで、その1階の既存部分に発生する軸力をいかに基礎へ伝えるかというのが大きなポイントになります。A案と同様な問題が残りますが、外周部の柱になるので補強工事はしやすくなるのではないかと考えましたが、たとえ外周部でも店舗内の補強工事は厳しく、もうちょっと他の案はないのかということになったので、C案の提案となります。

元々外周バルコニー面に補強フレームをつけるのは総会で否決されていたこともあって、なかなか気持ち的にハードルが高いと思っていたのですが、A案とB案を議論する中で、中庭側で補強を実施することがなかなか難しいことを住民の皆さんが理解されたので、C案の提案となりました。ただし、やはりブレースなど

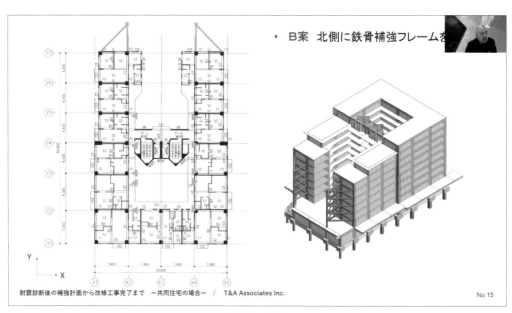

図15　B案

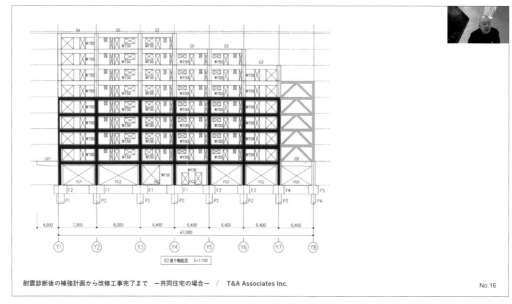

図16　軸組図

の斜め材を設けることは合意形成が難しいということで、斜め材のない柱と梁のフレームをバルコニー側に設ける提案をしました。**図17**がC案です。

C案の場合、1階廻りには外周部にしか補強フレームが出てこないので、店舗内での補強はなくなり、内部空間に影響はでません。さらに1階で補強できる箇所については、その後皆さんと色々お話をさせていただき、無理なく耐震補強ができそうなところ、例えば駐車場内で車の台数や配置を変えることなく耐震壁を入れたり、ゴミ置き場で不便でないような位置に壁をつけられないか、また管理人さんにはご迷惑をかけますが一時退去して頂いて、管理人室内で自由にレイアウトを変えて耐震壁設置などの耐震補強ができるのではな

いか、など**図18**のように様々な可能性について検討しました。

エントランスまわりでは増し打ちの壁を入れても法規上床面積が増えないのでいいのでは、とか店舗まわりは内部は難しいので外回りにフレームをつけたらどうか、などについても様々な提案をして、それぞれの店舗の方と打ち合わせしながら、どの案が可能かそうではないかなど判断していきました。

図17　C案

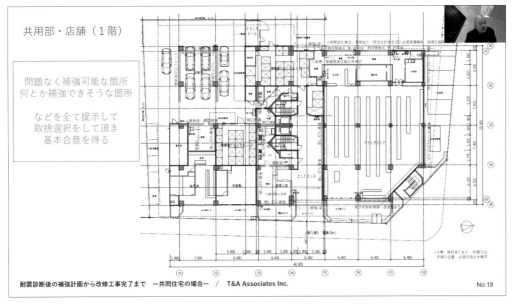

図18　共用部・店舗

33

図19がA案、B案、C案のまとめです。総会の合意に向けて住民説明会用の資料を建築（意匠）担当に作成して頂きました。図19左がA案です。この水色のところが2階から上階に耐震補強フレームを設ける箇所で、地震力が集中する赤い丸をつけた1階の柱を補強していかなければいけないとなると、なかなかハードルが高い。B案にしても水色の点線部分に補強フレームを設けるのでやはり赤丸の柱に結構大きな軸力が発生するので、補強がなかなか難しい。そうすると、結果的にはC案で水色部分に外付けフレームをつけ補強する、それであれば店舗も住民も少し納得いただける補強方法になるのではないか、という提案をさせていただきました。

図20は意匠担当に作ってもらった、A案、B案、C案のまとめです。これで住民説明会用に耐震補強案を作成する基本設計業務が終わったことになります。

この3案をまとめ、ざっと工事費概算を出した結果、A案が1に対してB案が0.87、C案が0.81ぐらいの比率でC案の工事費が低くなり住民の負担も小さいので、C案を最終案としてご提案させていただき、臨時総会を開いて補強設計に進む議決をしていただきました。

結局、この時点まで診断作業をしていませんでしたが、我々の手で診断の見直しをすることは非常に大切であります。診断見直しでは、本当にあるものは全て見込んであるがままに診断していくのが大切であると思います。補強設計のチームは建築と構造と設備。やはり三者が一体になって動いていかないとなかなかよい補

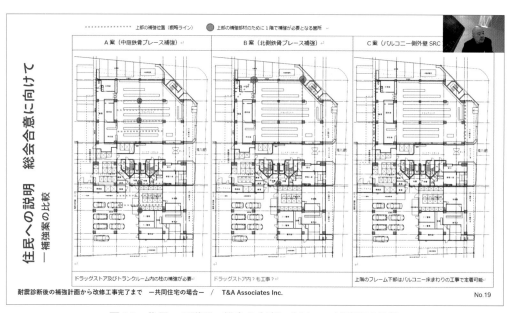

図19　住民への説明　総会の合意に向けて　補強案の比較

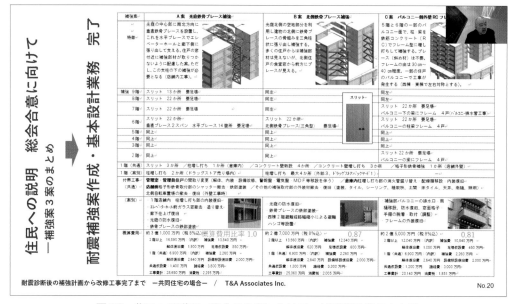

図20　住民への説明　総会の合意に向けて　補強案3案のまとめ

強設計は完了しません。

　我々の手で診断見直しを実施した結果、図21のようになりました。最初の診断結果とは少し違った様子になりました。バルコニー面の方に地震が来るとき（Y方向地震）には、やはり鉄骨が入ってる階は問題ないけれども、鉄骨が抜けた途端に耐力が下がっていく傾向がわかります。　X方向地震時も同様ですが、コの字型になっていてバルコニー面と同じようなフレームがX方向にもあるのでＩｓ値が下がってしまう結果になっていると解釈をしています。

　なぜこのようにRC造に切り替わった途端に耐力が減るのかは、鉄骨がなくなったからということも大きいですが、極脆性柱の影響が大きいと思われます。「極脆性柱」というのは皆さんなじみが少ない言葉だと思いますけれども、大地震が発生した際に柱にX形の亀裂が入り、もろく壊れてしまうような形状をした柱のことで、診断をすると耐力が低く抑えられてしまいます。そこで、そのように脆く壊れる柱を、壊れないように形状を改善する補強計画をここでは立てています。

　やはりＳＲＣからＲＣに切り替わり鉄骨がなくなってしまう階は「中間層崩壊」といって被害を受けやすいので、それはそれで補強してあげないといけないのです。

　図22に記載しましたが、補強方法は、鉄筋コンクリートの階では脆く壊れてしまうような柱の形状を解消するために、脆く壊れないように開口下に構造スリットを入れます。バルコニー側は、縦方向が開放的な掃き出しの窓になっていて柱の内法高さは大きいです

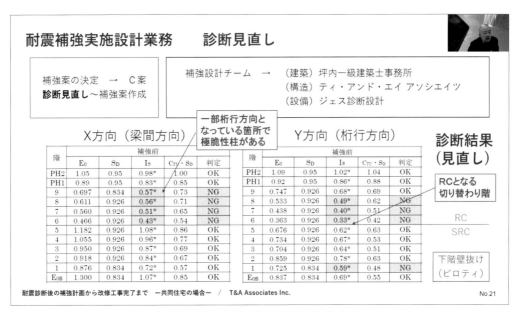

図21　耐震補強実施設計業務 診断見直し

診断結果（見直し）

安全を考慮して無視する、ではなく　➡　あるものを、あるがままに見込む
再度、１階の店舗・貸トランクルームの内部調査により壁種別の再確認を実施

補強方法（RC階：６階以上）

①XY両方向とも、RC造部分での極脆性柱の解消のため構造スリットを設ける。
　部分スリットでも完全スリットと評価できるスリット工法（評定取得工法）を採用

②それでも不足する場合は、柱外付けフレーム設置
　➡ ６階の桁行方向のみ設置

図22　診断結果（見直し）補強方法（RC階：６階以上）

が、外廊下側は腰壁のある開口になっていて取り合う柱の内法高さが短くなっています。柱の長さが色々なところで長かったり短かったりすると、大地震が発生した際に短い柱の方に地震力が集まってしまい壊れやすくなります。柱の内法長さを建物全体で同じような長さにしてバランスをとってあげると、一箇所に地震力が集中して壊れることはなくなりますので、柱際に切れ込みを入れて、柱が短いところは柱を長くしてあげるのが構造スリット工法です。これを採用しながら補強していくことにしています。

図23の三角形の印のところが構造スリットを設ける位置で、柱際の開口下部に切り込みを入れ、柱の内法長さを長くしてあげて、他の柱と揃えていく、そういう補強方法です。

ご覧になってわかるように、バルコニーがずっと連続してあるわけではなく、一部インナーバルコニーになったりしているので、バルコニー側にも構造スリットを設けていますし、外廊下側の方にも構造スリットを設けて柱内法高さをそろえるように計画しています。

それだけでかなり耐震性能は良くなります。それでも耐力が足りない階には、水色の柱外付けフレームをつけて耐力を補っていくのがベストなやり方だと、この建物では考えまして、提案させて頂いてます。

1階については図24の平面左上の駐車場に耐震壁を2か所新設することと、薄いピンクの部分の管理室の中で3枚耐震壁を増設し、耐震性を向上させています。

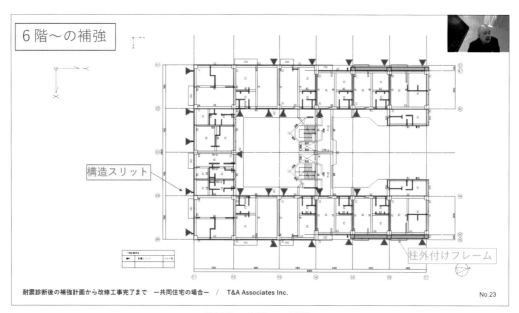

図23　6階〜の補強

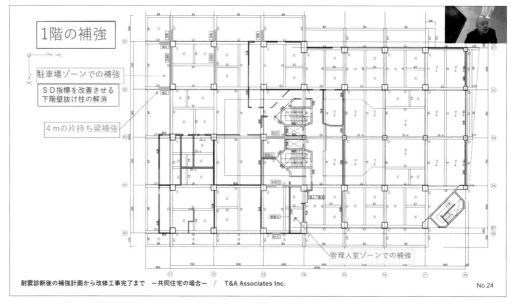

図24　1階の補強

これを軸組図で見ると、**図25**のようになります。鉄骨が入っている階より上のRC造の階で、赤い三角印の箇所に構造スリットを入れ柱の内法高さを長くしてバルコニー側柱と揃えています。それでも耐力が不足する、鉄骨がなくなるRC造の階では、阪神淡路大震災でも中間層が崩壊してしまった例がたくさんありますので、そうならないように不足する耐力を水色の補強フレームを増設して補強しています。

それから、2階に持ち出し長さが4m位の片持ち梁がありますので、検討の結果、地震の上下動で揺れたときに壊れる危険性があるため、梁下に補強をしています。

このようにして診断見直しを行い、補強設計が終わった補強後の結果が**図26**右半分となります。特に赤く囲った部分はIs値といいますが、診断ではIs値

を算出することが簡単に言うと目的になっていて、Is値が0.6を超えていると大地震の時に建物の倒壊や崩壊の危険性が低いと判断され、現行の基準法で建てた建物と同程度の耐震性があると国が決めている数値ですので、それを目標に補強設計をしているのです。以上で補強設計が終わります。

いよいよ補強工事が始まります。まず構造スリットの工事ですが、**図27**がスリット関係の工事写真です。図の中央下の柱廻りの図で、下側が部屋内側で、上側が外廊下側になります。図のように外廊下側あるいはバルコニー側などの外部側から柱際の壁に切れ込みを入れます。部屋内側には一切入らないで施工します。これも壁を全部切りとってしまうわけではなく、部屋内側

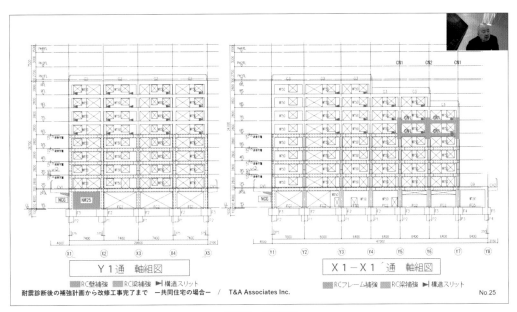

図25　軸組図

診断見直し結果　と　補強後の診断結果

X 方向

階	補強前					補強後				
	E_0	S_D	Is	$C_{TU} \cdot S_D$	判定	E_0	S_D	Is	$C_{TU} \cdot S_D$	判定
PH2	1.05	0.95	0.98*	1.00	OK	1.05	0.95	0.98	1.00	OK
PH1	0.89	0.95	0.83*	0.85	OK	0.89	0.95	0.83	0.85	OK
9	0.697	0.834	0.57*	0.73	NG	1.191	0.834	0.98	0.99	OK
8	0.611	0.926	0.56*	0.71	NG	1.103	0.926	1.01	1.02	OK
7	0.560	0.926	0.51*	0.65	NG	1.010	0.926	0.92	0.94	OK
6	0.466	0.926	0.43*	0.54	NG	0.844	0.926	0.77	0.78	OK
5	1.182	0.926	1.08*	0.86	OK	1.175	0.926	1.07	0.86	OK
4	1.055	0.926	0.96*	0.77	OK	1.044	0.926	0.95	0.76	OK
3	0.950	0.926	0.87*	0.69	OK	0.938	0.926	0.86	0.68	OK
2	0.918	0.926	0.84*	0.67	OK	0.914	0.926	0.83	0.67	OK
1	0.876	0.834	0.72*	0.57	OK	0.740	0.926	0.86	0.69	OK
E_{0B}	1.300	0.834	1.07*	0.85	OK	1.300	0.926	1.19	0.95	OK

Y 方向

階	補強前					補強後				
	E_0	S_D	Is	$C_{TU} \cdot S_D$	判定	E_0	S_D	Is	$C_{TU} \cdot S_D$	判定
PH2	1.09	0.95	1.02*	1.04	OK	1.09	0.95	1.02	1.04	OK
PH1	0.92	0.95	0.86*	0.88	OK	0.92	0.95	0.86	0.88	OK
9	0.747	0.926	0.68*	0.69	OK	0.955	0.926	0.87	0.89	OK
8	0.533	0.926	0.49*	0.62	NG	0.779	0.926	0.71	0.72	OK
7	0.438	0.926	0.40*	0.51	NG	0.667	0.926	0.61	0.62	OK
6	0.363	0.926	0.33*	0.42	NG	0.672	0.926	0.61	0.62	OK
5	0.676	0.926	0.62*	0.63	OK	0.692	0.926	0.63	0.64	OK
4	0.734	0.926	0.67*	0.53	OK	0.738	0.926	0.67	0.54	OK
3	0.704	0.926	0.64*	0.51	OK	0.703	0.926	0.64	0.51	OK
2	0.859	0.926	0.78*	0.63	OK	0.862	0.926	0.79	0.63	OK
1	0.725	0.834	0.59*	0.48	NG	0.773	0.834	0.71	0.56	OK
E_{0B}	0.837	0.834	0.69*	0.55	OK	0.837	0.834	0.76	0.61	OK

耐震診断後の補強計画から改修工事完了まで　－共同住宅の場合－　/　T&A Associates Inc.　　　　No.26

図26　診断見直し結果と補強後の診断結果

の壁を30mmほど残して、幅30mmのスリットを施工し、すきまには耐火材を入れて表面をシールします。

　図27中央上の写真が施工した後のスリットの様子です。皆さんの部屋に入らないで外部側から施工でき

るので、補強工事としてはやりやすく、施工後もほとんど目立たない状況になります。

　それから図28は1階の駐車場に新しく壁を増設している様子、そして片持ち梁の下を強している様子の写真です。

　図29は補強フレームの工事の様子ですけれども、現状右の図のように梁からバルコニー部分が出て手摺壁があったのですが、この梁の外側にくっつけて新設の梁を設け、既存柱があるところには新設柱を入れてバルコニーを作り直しています。ですからバルコニーを1回撤去して作り直しています。

図27　補強工事・耐震スリット

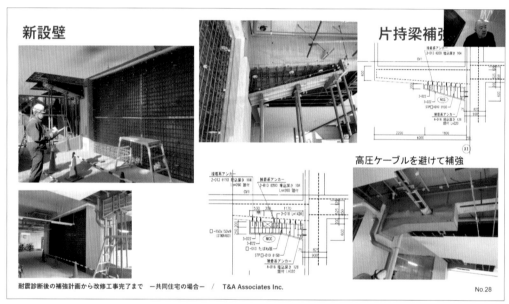

図28　新設壁

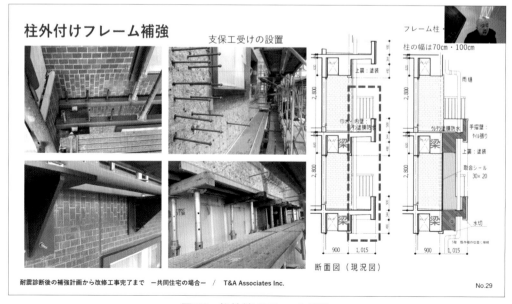

図29　柱外付けフレーム補強

このバルコニーの該当の住民の方はどんなふうになるか非常に心配されました。模型を作ったり、現地で新設の梁型をあてるなどして何回も説明をしました。バルコニーの出の長さは変わらないので、あまりお日様の入り方も変わらないことを丁寧に説明させて頂いています。

もう一つは工事期間です。バルコニーにはエアコンの室外機が置いてあったり、洗濯物を干したりするのですが、安全上シャットアウトして工事中はバルコニーに出られないようにしますので、夏場の対策とか、洗濯物の対策は前々から十分に住民の方達とお話しをさせていただき納得の上、解決方法を探っています。

今回は中間階だけの補強なので、補強フレームの最下層には図29左上と左下のような鉄骨を組み、その上に支保工を設けて補強フレームを支えます。これは工事中だけの仮設なので終わったら取り外します。

図30が補強フレームの構造図になります。

図31は補強フレームの実際の配筋写真ですが、高層RC造でよく使われている工法で、火力は全く使わず、主筋は全て機械式継ぎ手と定着金物を使い、帯筋は溶接閉鎖型の既製品を使用して柱梁のタガを締めるように巻いていきます。

図32も施工状況です。タイルを剥がして、既存のコンクリートに直にくっつけて施工します。

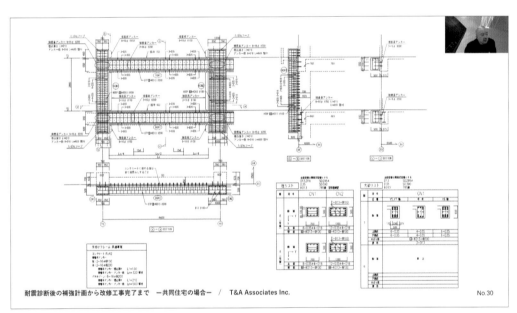

図30　補強部配筋図

図31　実際の配筋の写真

図32　実際の配筋の写真

図33左がコンクリート打設後の柱と梁です。右は外壁を既存タイルに近い色に塗って塗り分けた仕上がりの状況です。

図33　柱外付けフレーム打設後

図34が完成後の写真です。6階部分に補強フレームが見えると思います。左右対称に反対側にも補強フレームを設置しましたが、そんなに目立たないようにできていると思います。

図35に最終的な耐震補強工事完了までの経過を、まとめています。2013年に特定緊急輸送道路沿道建物の診断確認を取得され、その後補強案が提案されましたけれども総会で否決された状況で、4年経った後に我々がアドバイザー派遣を依頼されて参画しました。その後4〜5ヶ月位で改修計画A案、B案を作成し、さらにその翌年2月、年度末ぎりぎりにC案を作成し、その結果をもって3月に住民説明会を実施しました。A案、B案、C案をどうしようこうしようという説明会を行ったわけですが、C案の外付け補強フレームに関し

図34　竣工写真

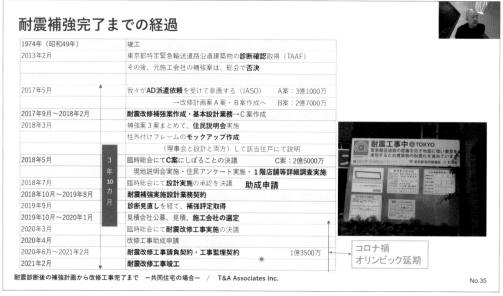

図35　耐震補強完了までの経過

図36　理事会＋管理会社担当と常駐の管理人・店舗担当の協力

ては、フレームのモックアップを理事会でも作成していただき、また設計担当も別途作成し、そのモックアップを見ながらの住民説明会を行いました。

　年度が変わって5月に臨時総会を開催して、補強案をC案に絞ることの決議をいただいて、その後現地説明会をさらに実施し、住民アンケートなども行い、色々な方の意見をお伺いした上で計画を進めていきました。

　1階の4店舗に関しても、中々内部調査ができませんでしたが、C案に補強案が決まったことで詳細調査に入らせていただいて、壁がどこにあるか、RC壁かCB（コンクリートブロック）壁かなどの、部屋内の調査をさせて頂き、これも新たに補強計画に反映しました。

　そして7月に、臨時総会で耐震補強設計の実施を承認決議いただいたので、助成申請を行い承諾後の10月から10ヶ月程度で実施設計を完了し、耐震補強評定を2019年9月に取得しました。その後すぐに見積もり工事会社の公募をインターネットで行い、施工会社の選定をして、3月に耐震改修工事の実施の決議をしていただきました。

　4月に年度が変わって、改修工事の助成申請を行い、6月に請負契約後、着工して、年度内に竣工しました。

　この間コロナ禍があったり、オリンピックが開催されるというので道路が混雑して自由に資材搬入ができないことなどを考慮したスケジュールなど、かなり苦労して計画を練ったのですが、結果的にオリンピックが延期になってしまい、通常の期間で工事は完了しました。

　図36、左写真奥は管理組合の理事長さんが自ら作成した補強フレーム模型で、手前は補強設計の建築担当が作成した模型です。視覚的にわかりやすい模型を見ながら住民に理解を求めました。

　我々が参画して3年10か月が経ちましたけれども、その間に管理組合の理事長さんが4人替わられています。2人が若い女性の方で1人が若い男性の方で、耐震的に安全な建物でこれから子育てをしていきたいなど、皆さんにそれぞれ強い思いがあってうまく進んできたのではないかと思っています。補強工事が始まる頃、最後には非常に経験豊富な年配の男性の方が理事長さんになられ工事を見守って頂きました。なかなか理事会もうまく運営されているなという印象を私は持ちました。いずれにしても住民の方とか管理人の方とか、店舗の方とか、理事会の方々と我々チーム、設計・構造・設備のチームがお互いに信頼しあって議論をし、うまく完了できたと思っている次第です。

　図37はアップですけれど、耐震補強の外付けフレームの外観です。あまり目立たなくこんな感じの補強でできたと思っています。以上で、私のお話を終わらせていただきます。どうもご清聴頂きありがとうございました。

図37　竣工写真

41

4 建物の長寿命化に向けた補修予測アプローチについて

國枝 陽一郎
東京都立大学 助教

● はじめに

　図1は、目次です。自己紹介の後に補修予測の研究の紹介で、研究の背景・目的、研究の概要、そして研究の紹介で補修予測の中で行った3つ、熱力学的アプローチ、構造的なアプローチ、水分挙動的なアプローチについて紹介したいと思います。

　1番目の熱力学的なアプローチは、温度解析を主として、温度解析ソフトを使い建物の外装材、特にタイル剥離のリスクの推定に用いた話。2番目は4次元CADを用いた損壊モデルの手法で、建物に地震等で横荷重が発生したときに、損壊を含めてどういう負荷がかかるかという話です。3番目は水分挙動で、壁面断面形状によって汚染がどれ位進むかというリスク推定を行う話と、粒子法解析という方法を用いて雨筋汚れ等の推定を行ないました。現在はこの2番目に取り組んでいます。最後に「まとめ」で結ばせていただきます。

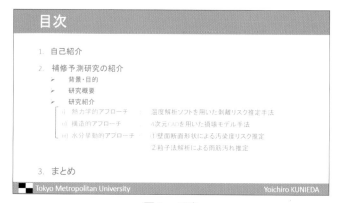

図1　目次

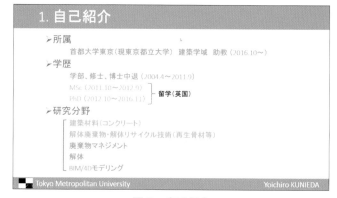

図2　自己紹介

● 自己紹介

　私は東京大学の野口研究室で学部修士、博士まで進学し留学、イギリス・スコットランドで社会基盤の修士号と建築土木の博士号を取り、その後、東京都立大に助教として2016年に着任しました。野口研では建築材料、コンクリートの関係や解体廃棄物、解体リサイクル技術、特に廃コンクリートを砕いて再生骨材にする実験的なアプローチをしていました。この解体廃棄物、リサイクルに興味を持ち、イギリスに留学のあと、廃棄物のマネージメントをやろうと思い、まず、「最適化」をしました。それは廃棄物として出てきたものをマネジメントするのではなく、その上流の「解体」建物を壊す時点での最適化で、先にリサイクルしやすいものを作る、あるいはそういう解体方法を提案する方がより効率的と考えたわけです。最終的にはBIM (Building Information Modeling) や4次元モデリングを用いて

解体工法等を最適化する提案に取り組んでいたのが博士課程までのアプローチです。

　東京都立大学では橘高義典教授（日本建築仕上学会名誉会長）の下で研究をしています。先生は仕上材料の研究も盛んにやられていて、その下で今回提案の補修等の研究アプローチもしています。また、同学の材料実験の授業の講師が吉岡昌洋氏（㈱長谷工コーポレーション）という背景から、外装材の劣化あるいは補修について共同研究をしています。特に粒子法の解析等について共同研究の中ではメインに取り組んでいます。

　また、博士課程において「解体」でBIM使用について説明し、補修の中でやっているそれに近い研究手法の話につなげたいと思います。

■ 補修予測研究の紹介

博士課程では「解体負荷算出手法の提案」を行いました。「解体」の中には大きく分けて３つのステークホルダー（ここでは登場人物）があります。「解体業者」と「建設業者」と「モデル開発者」です。「モデル開発者」とは、私がこの研究の中で解析システムを提案した話の中に登場します。

データとしての「解体」の工法にはいくつかパターンがあります。廃棄物の発生や飛散の挙動や、起源部材ごとの組成データ。その他のデータとしては重機の性能やコスト、速度制限等のデータをインプットしてあり、これを用いて４次元のシミュレーションツールをつくります。次に解体業者が２次元のデザインやそのデータに付随した資料、あるいはBIMモデルというような

多次元モデル。を入力し、ツールの中で解析をすることで、最終的に解体のアニメーションや、経時的な負荷の変化、廃棄物排出量、コストや消費エネルギーといったもの、或いは建物データまでもを出力可能となる。それを例えばgoogleマップ等に掲載すると建設業者が解体計画の把握を通して、解体予定地や解体廃棄物の再利用の検討機会を提案するような研究ができればと思っていました。

実際にシミュレーションツールをご紹介できればと思います。これは３Ｄソフトウェアの「Blender」と呼ばれるツールで、後から補修の解析等にも用いていますが、建物を３Ｄモデルで外からインポートする形でツールの中に持ち込みます。その後に、その解体方法をデザインする人たちが各部材ごとにどういうトリートメント（処理）をしたいのか、色づけをしていく作業を

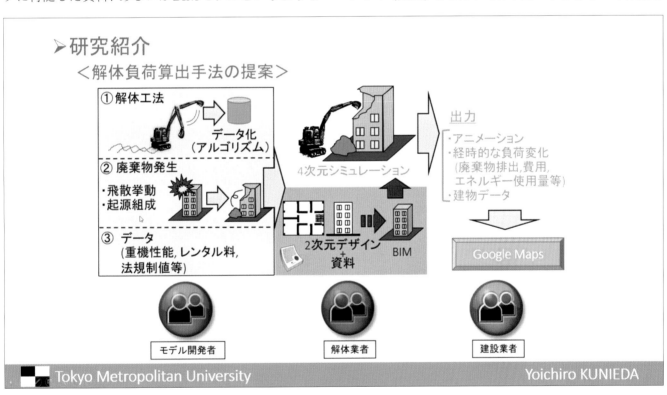

図3　研究紹介＜解体負荷算出手法の提案＞

図4　解体負荷シミュレーションモデル

図5　解体負荷シミュレーションモデル

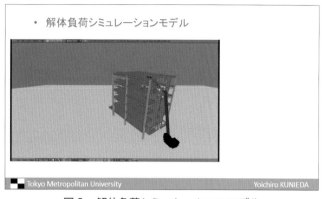

図6　解体負荷シミュレーションモデル

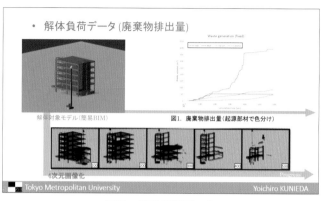

図7　解体付加データ

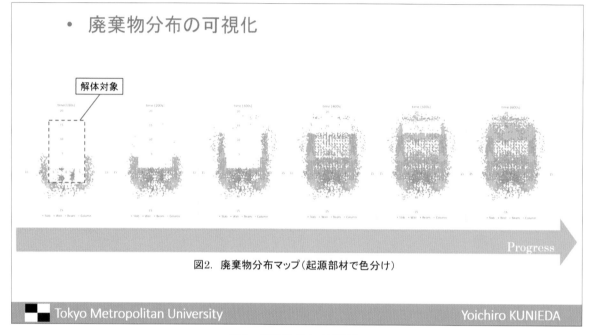

図8　廃棄物分布の可視化

手作業でやらせています。

　例えば部材の中で、部分解体をしたい、保存したいという部分は保存するという形で色分けを緑に変えてやる、今の場合ですと一番下の部分だけを構造躯体として解体するようにストーリー設定をしています。

　その次に解体の方針を選ばせていて、南から北にとか、上から下にとか、という方法を選ばせています。それを選ぶと自動的に部材の中に数字が割り振られます。これは解体を行う部材の解体の順番を決めていて、その解体の順番に対して、これから選定させる重機で解体を行います。重機が順番を割り振られた部材に対して解体を自動で行うという形で、「ルンバ」のように再生ボタンを押せば自動的に解体を開始から完了まで行い、その間に発生する負荷を推定可能とします。

　図6の動画が示すように、先ほどの自動解体を実行すると、勝手に重機が部材を解体して廃棄物がどのように飛散するかを再現するという形になっています。

　これによる利点として、経時的な廃棄物発生量や重機使用時間、あるいは瓦礫飛散による接触リスクの明示化や定量化を行い、これをさらに変換をすると排出廃棄物発生分布のマッピングやコストの算定、あるいは環境負荷（e.g. 重機使用に伴うCO_2排出量）の推定が可能となる。またハザードマップとして、瓦礫飛散による作業者の安全性評価を敷地周辺を対象に可能となります。

　この中で特に重要なのは廃棄物排出のマッピング化で、廃棄物のリサイクルにおいて純度が非常に重要となるため、それを経時的に表すことがすごく大事になってきます。

　実際に建物を壊した際に、廃棄物がどこから発生するのかというのは、床部材、梁部材、柱部材と色分けしてあり、色に合わせて横軸が時間、縦軸が量という形で積算値として排出傾向を示したり、動画により破壊挙動を把握したりすることも可能となります。

図8は敷地図上における排出廃棄物を上から見た図ですが、どこにどの色、つまりどの部材由来の廃棄物が散っているか時間ごとにわかるので、廃棄物を回収するときにどこから取っていけば廃棄物を混ぜずに回収可能かという、廃棄物回収の最適化も考えられます。

本アプローチは博士課程から継続しており、他用途の解析にも生かして研究しています。

■ 補修予測研究の紹介

補修予測研究の紹介に移りたいと思います。補修関連の研究背景ですが、建築物の長寿命化への動きで、**図9**の右の国土交通省が発表している建設廃棄物の工事区分別の搬出量の経年変化で、約1億tから徐々に減少して約7000万tの排出が見られ、廃棄物排出が多い産業と言えます。方針としては、スクラップ＆ビルドから

らストック活用への変遷が謳われていて、特に国土交通省で打ち出されている方針として、平成21年～28年に出されたものとしては公営住宅等の長寿命化計画という話、あるいはマンションストック長寿命化等モデル事業というのが令和2年から始まり、国も動き出しているということで、補修や修繕の重要性が非常に増加していることが分かります。

では、補修計画はどうなっているのかですが、3年ごとに必須となる補修検査等の結果に対して補修を行う、「検査補修型」の定期的なアプローチになっている。これは発生現象に対して定期的に明らかにでき、事態が深刻化する前に対処出来る点において非常に効率的ではある一方で、不要なのにも関わらず検査をしなければいけない点において非効率な印象です。

また統計的な補修リスクの推定ということで、床面積に対して何年毎、経年毎のリスクという形でひとまとめに話を進めてしまっているので、実際に建物ごとにどれ位リスクが変わるのかということに関しては論じられていないところがあります。研究の目的としては総合的な補修予測手法を提案できれば、建物ごとにどこにリスクがあるのかを明らかにでき、検査に関しても注視すべきはどこなのか前々から把握できる。あるいは建てた段階でどれ位の補修コストがかかるのかも予測でき、設計時においてライフサイクルを通した必要コスト等もそういったものから算定できるのではないかと考えます。

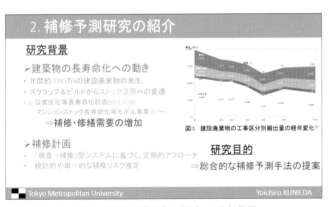

図9　補修予測研究の紹介　研究背景

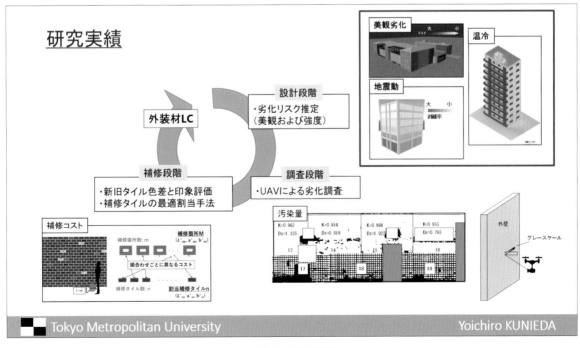

図10　研究実績

今お話している研究は今までの研究の積み重ねをつないで（テーマを）抽出しながら統合しているというアプローチになっています。外装材のライフサイクルというのはこの図のように輪廻転生と考えた時に、設計段階では美観や強度における劣化リスクの推定が考えられます。美観の劣化傾向、温度変化傾向あるいは地震に代表される外力への耐力性を推定することを研究しています。或いは調査段階でUAVによる劣化調査でドローンを飛ばして壁面を2値化して、汚染量を画像から抽出するというような研究もしていました。またの補修段階でこれは私の提案でしたが、タイルが新・旧で補修した時に色がだいぶ違うということがあるので、それに対して色データを元にして組み合わせを最適化すれば壁面（ファサード）の色の違和感というものが最適化できるのではないのかという提案をしたりしていました。

今回提案する推定システムの概要です（図11）。まず最初に対象の構造物をモデル化します。先程お見せした「Blender」と呼ばれるソフトウェアなどでも使っていますが、BIMデータないしは3Dモデル＋属性、(e.g. 部材組成や物理特性) を明らかとする。これに対して解析として3ステップあります。①劣化リスクの推定、②補修負荷の推定、③補修リスクの推定（①×②）

という形で、図の一番上から説明すると美観劣化のリスクで、雨水がどういうふうに悪さをするのか。赤の点線が美観劣化リスク評価、青の点線が力学的特性の評価になっています。陽のあたる日射に関しては美観も損なえば熱による変化に直結しますので、それによって発生するディファレンシャルムーブメント等により外壁タイルの剥離等が発生がリスクとして考えられる。

あるいは先ほどの構造解析の例のように、外力がかかった際に発生するリスクの推定も劣化リスクの推定に含まれます。

その次に劣化によって壁面の、例えば剥離が起きて補修しなければいけないときに、足場を組んだりゴンドラを使ったりといった補修時におけるコストやCO_2排出量の推定、あるいは部分的に解体するのであれば解体負荷の推定。最終的な補修リスクの推定ということでこれらの劣化リスクが、何年に一回起きるのか、それに対して起きた時にいくらかかるのか、その掛け算の総量、総コストとしてこの建物のサービス期間の間にどれ位のお金がかかるのか、あるいは環境負荷が生じるのか、といったようなものを統合するという風なプロセスになっています。

この話で劣化リスクというところで捉えたのが、熱力学、構造、水分挙動の3点から考えたいという形になっております。

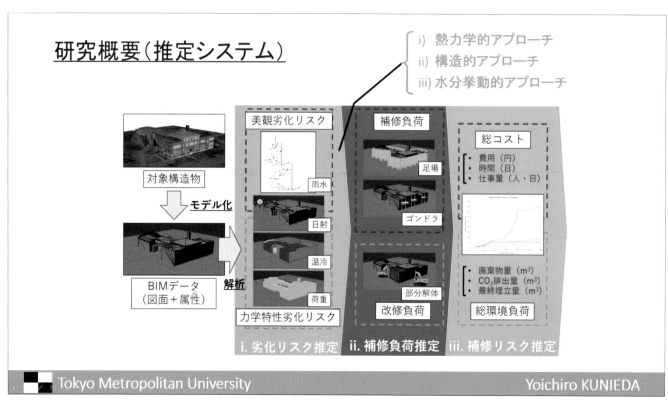

図11　研究概要（推定システム）

46

■ 熱力学的アプローチ

まず熱力学的アプローチということで、温度解析ソフトを使い、それによって剥離リスクを推定しました。そもそもタイルにおいてどういうことが起きているかと言うと、母材のコンクリートに対して下地と貼付けモルタル、その上にタイルが貼り付けられている。各材の熱膨張係数がそれぞれ異なっているので、太陽の日が当たるあるいはそれが陰って冷えることで膨張・収縮幅の差から熱歪みが発生し、それが熱応力として発生することになります。それが何年も何十年も続いていくことによって浮きが発生する、というのがディファレンシャルムーブメントのメカニズムになります。これを、実際にコンクリートにタイルを貼り付けた試験体を作成し、万能試験機を用いて両方向（圧縮・引張り）に繰返し荷重をかけました。引張りと圧縮変形に伴う荷重およびモルタル下地とタイル歪みから差擬似的に温度歪みを万能試験機で再現して、タイルの接着性能への影響を検証しました。実験的にどれ位の熱歪みの発生が何千回何万回繰り返されることでどれ位接着強度が下がるのかというのは明らかにした上で、熱環境シミュレーションソフト「ThermoRender」

（VectorWorksのアドオン）を用いて、温度歪みがどれくらい発生するかというのを検討しました。（図13）

これは建築外装材の熱劣化シミュレーション等に応用が可能なツールになっています。建物としては本当に一般的な集合住宅のようなものをWindowsの一般的なスペックのパソコンの中でVectorWorksを使って解析をしたというふうな話になります。

この各時間における温度変化をサーモグラフィーのような形で表しています。この図15に示しているような形で各時間においてタイル表面の温度はどう変わったのかというところを見ながら、実際に発生するである温度歪みを推定して、それを先ほどの実験で明らかにした温度歪みがどれくらい発生するとどれ位の劣化するのか（図12）、例えば10年間図15のように熱せられて冷まされた壁においてはどの程度の付着量の低下が見込まれるのかをこの図における部位ごとに推定できるアプローチというのが、この研究になります。

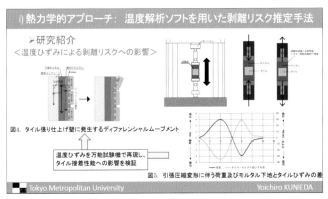

図12　熱力学的アプローチ

図14　シミュレーション概要

図13　温熱環境シミュレーションソフト

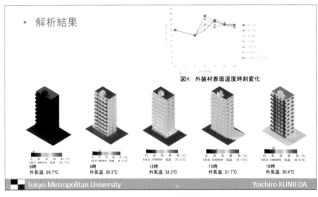

図15　解析結果

● 構造的アプローチ

2番目は構造的アプローチ（図16）。4次元CADを用いた損壊モデルということで、建物モデルをつくってエルセントロ波と呼ばれるような波を入れて、揺らしてみるという研究になります。

これもシミュレーションとしてオブジェクトを取り込んで、オブジェクトをバネで繋ぎ、その後に物理エンジンで建物を揺らしてやって、その時の損壊リスクを推定するという形になっています。（図17）

動画です（図18）。建物が徐々にぐらついていくというふうな形になります。

これを行うと剥離リスクということで、この構造壁のところでどれ位の荷重がこの鉛直方向にかかるかというのを色分けができます。（図19）

それを躯体全体にして、しかもエルセントロ波の強度をどんどん強くしていくと、どこが壊れやすいのかを明示化する。

さらにその壁面に図21左下のようにバネでタイルを貼り付けて行って、これは付着モルタルのようなイメージで、それを実際に解析をすると図のようにどの部分のタイルがはがれるのかというのがシミュレーションの中で明示化できるようになった。という形で外装材におけるリスクが、もっと局所的なところでどこから剥離が始まりやすいのか、というのが明らかになった。つまりは図における赤の薄い部分の調査をして特に問題がなければ赤の濃い部分はあまり壊れているかどうか考えなくても良いといった形で調査における中心、どこに注力するべきかというガイドになるのではないかと考えます。

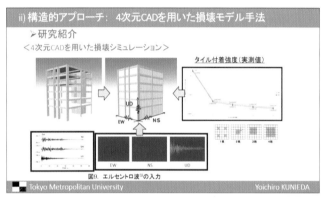

図16　構造的アプローチ

図17　シミュレーション概要

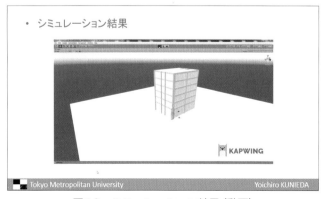

図18　シミュレーション結果（動画）

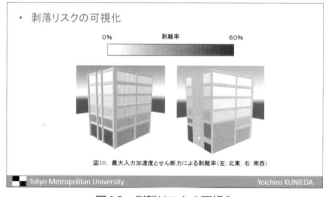

図19　剥離リスクの可視化

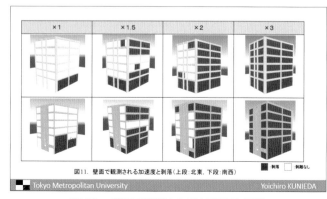

図20　壁面で観測される加速度と剥離

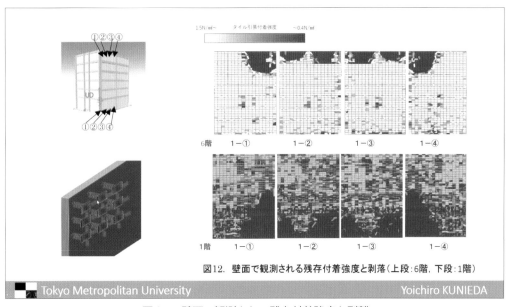

図21　壁面で観測される残存付着強度と剥離

■ 水分挙動的アプローチ

　最後に水分挙動的アプローチ、壁面断面形状による汚染度リスクの推定です（図22）。これは橘高先生らの研究の中で建物ファサードのそれぞれの面同士の角度によってどこに一番外壁の汚れがたまりやすいのかという研究がありました。これを用いて実際にその建物モデルがあった時に自動でどの部分のリスクが高いのか色分けできるツールの作成を行いました。

　実際にここでは、橘高先生の論文の中で提案されている外装材料に付着する微粒子の付着量の推定式を基にしており、そこに自分のオリジナルとして、部材の水平投影の長さを、上から流れ込んでくる量が多ければゴミの付着量も増えるだろうという考えのもと、掛け算した式を用いてシミュレーションを行いました。（図24）

　実際にはこの3つの建物モデル（旧市庁舎、学生寮、駅舎）でシミュレーションを行ないました。（図25）

　先ほど話したこの建物の長さや、2つの面の角度を反映して、しかも部材長を反映した時としない時と色分けをしました。赤いところほどリスクが高い、汚れやすい部分で、壁面から落ちてきた汚れがその赤い部分にたまりやすい、という形で推定しています。ただし、部材の長さを評価すると、長いところがある鉛直面が汚れやすく色が変わります。実際の計測に対しての比較はまだ行われておらず信頼性は論じられていないのですが建物のモデルを入力すれば、どの部分が汚れやすいのか等をそのファサード形状から自動で推定できるアプローチになっています。（図26）

図22　水分挙動的アプローチ

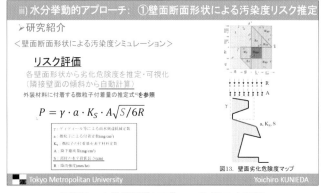

図23　水分挙動的アプローチ リスク評価

49

図24 水分挙動的アプローチ シミュレーション概要

図25 水分挙動的アプローチ シミュレーション概要

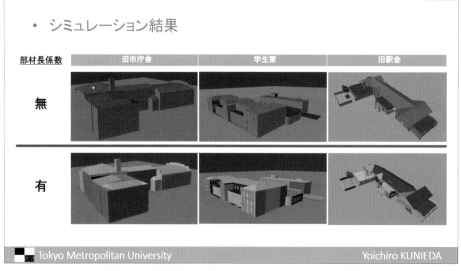

図26 水分挙動的アプローチ シミュレーション結果

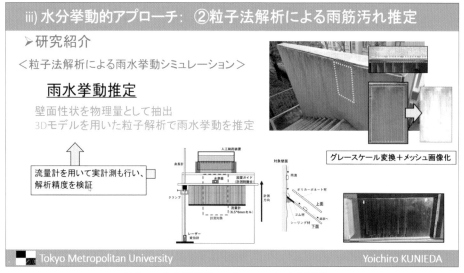

図27 水分挙動的アプローチ 雨水挙動推定

　最後は水分挙動の中の2の粒子法解析で、今注力しているものです。これは粒子法と呼ばれ、小さい粒を大量に動かし、全体的にどういう現象が起きるか見るものです。図27右上の写真は同大学、階段横の壁面の天端に黒い汚れが溜まり、それが下に流れ落ちる形で汚れが発生しています。この雨水挙動の推定で、汚れがどれ位になるか先ほどの UAV の技術を用いて、その壁面を画像化し2値化し定量化したのと、実際にウェハースやハーモニカのような（形状の）プラスチックを押し当て水量等を計測しました。それで、実測値と解析とどれ位の整合があるかを現在見ています。流量計を用いて実計測しながら解析精度を検証しています。

この時用いるのがParticle Worksという流体シミュレーションソフトで、例えば図28のように（水たまりを通過する）車がどれくらい泥を跳ねるかというような解析等に用いられます。こちらを建築外装材の雨水挙動シミュレーションにも使えるのではないかと考えています。

図28　流体シミュレーションソフト

図29が最後の動画ですが、先ほどの壁を３Dスキャナーでスキャンし、そこに雨水を垂らす動画です。

（現在の）３Dスキャナーの精度はかなり良いので、表面の凸凹まで見えて、その上に本物のように蛇口を置き雨粒を一つ一つ垂らして行きます。その時実際にこの天端では雨粒がどういうふうに跳ねるかや、溜まっていたゴミをどのように下に落としていくのかという挙動を推定をして、最終的に雨筋汚れに対してどれ位の整合があるか明らかにする、というアプローチです。

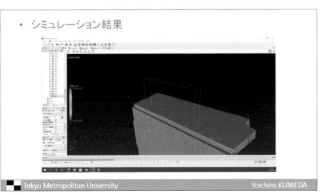

図29（上）・図30（下）　シミュレーション結果

■ まとめ

まとめですが、多角的な外壁劣化リスクの推定をして、熱力学的アプローチとしては温度解析のソフトを使い、これによって温度歪みによる付着力の劣化等を見ています。２番目に構造的なもので、実際に４次元CADを用いて損壊モデルをつくり、地震等で付着力の劣化や剥離にどれ位リスクがあるのかを明らかにしました。あるいは水分挙動で壁面の断面の形からマクロな汚れのリスクとミクロな汚れのリスクを明らかにしました。

今後の展望として最終的には統合して、全体としての補修リスクを考えていかなければいけないという「一元化」の話と、先ほどの話で例えば日射は美観にも影響しますし、ディファレンシャルムーブメントで熱という意味でも影響するのでそれらの「相互作用」、あるいは日射が当たることによって表面の仕上げがボロボロになり、それによって壁面の摩擦力、表面張力とか水の動きにも影響してくるようになると水分挙動にも影響するといった「相互作用」についても検討する必要があります。

また紹介したのは３フェイズありますが、一つ目のフェーズの劣化リスクの定量化しか取り組めておらず、２つ目の補修フェーズのリスクの定量化といったものも含めてやっていこうと考えています。

以上で発表を終了とさせていただきます。ご静聴ありがとうございました。

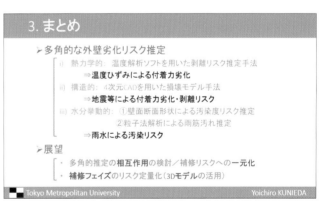

図31　まとめ

参考文献

1) 国土交通省, 2020,「平成30年度建設副産物実態調査結果（確定値）」.
https://www.mlit.go.jp/report/press/content/001334705.pdf (2021.5アクセス)

2) A&A, 2012,「熱環境シミュレーション「ThermoRender 4 Pro」発売」.
https://www.aanda.co.jp/function/release/20120727ThermoRender4.html (2021.5アクセス)

3) 一般財団法人日本建築センター, 2020,「地震波のダウンロード」, https://www.bcj.or.jp/download/wave/ (2021.5アクセス)

4) 平井詩乃,橘高義典, 2012,「建築形態と建築外装材料表面の放射性物質による汚染との関係」, 日本建築仕上学会2012年大会学術講演会発表論文集, p68-71

5) Particleworks, 2020,「Multiphysics Solution」, https://www.particleworks.com/home_en.html (2021.5アクセス)

5 超高層マンションの大規模修繕工事

岸崎 孝弘

有限会社日欧設計事務所 代表取締役

■ はじめに

日欧設計事務所の岸崎と申します。今度はこういう機会をいただきありがとうございます。第25回R&R建築再生展の月例セミナーで超高層マンションの大規模修繕工事に関してお話をさせていただきます。

図1　超高層マンションとは

超高層マンションとは20階以上かつ、高さ60m以上の集合住宅の総称です。高さ200mを超えるものは超々高層マンションと言い、例えば1棟で1461戸3000人近くが居住するものもあってマンションというより一つの街の単位で、現状では全国で35万戸60万人以上が超高層マンションに住んでいます。

○棟数・戸数

超高層マンションは2020年までに首都圏に917棟建てられています。これからも170棟程度が計画されています。2021年までで住戸数にして26万戸あり、さらに8万1千戸が計画されていて、まだまだタワーマンションは増え、住戸数も増えていくことがデータとして分かっています。

2000年を過ぎた頃からのタワーマンションの建設が顕著に多くなり2007年でいったんピークを迎えます。そこから少しずつ下がりますが、2015年でまた上がり、現在ではさらに増加傾向にあります。

図2　超高層マンションは首都圏に何棟あるか

完成（予定）	都区部		都下		神奈川		埼玉		千葉		合計	
	棟数	戸数	棟数	戸数	棟数	戸数	棟数	戸数	棟数	戸数	棟数	戸数
2011年	19	6,596	0	0	3	775	2	941	0	0	24	8,312
2012年	24	4,684	0	0	2	656	7	1,994	5	1,540	38	8,874
2013年	20	4,774	0	0	8	2,580	3	701	4	1,556	35	9,611
2014年	20	4,609	0	0	1	170	3	841	0	0	24	5,620
2015年	23	10,233	1	72	6	2,284	0	0	3	1,035	33	13,624
2016年	12	5,300	2	476	1	813	1	638	2	630	18	7,857
2017年	13	4,000	0	0	4	1,454	3	446	0	0	20	5,900
2018年	11	2,703	3	819	2	1,043	0	0	3	1,115	19	5,680
2019年	22	7,457	2	283	4	807	0	0	0	0	28	8,547
2020年	11	2,891	3	792	2	2,109	1	200	2	1,585	21	7,577
2021年	18	5,943	0	0	2	630	3	986	3	1,028	26	8,587
2022年	13	6,945	1	520	2	2,085	0	0	1	231	20	9,781
2023年	19	9,185	2	509	3	1,752	3	1,048	2	678	29	13,172
2024年	12	4,651	1	375	2	777	0	0	2	1,283	17	7,086
2025年以降	56	32,573	6	3,017	10	4,714	5	1,395	4	1,500	81	43,199
2021年以降計	118	59,297	10	4,421	22	9,958	11	3,429	12	4,720	173	81,825

超高層マンションの完成（予定）年次別計画棟数・戸数＜首都圏＞ ※階高20階建て以上

※2021年3月末現在判明分

※2021年4月27日付　㈱不動産経済研究所『不動産経済　マンションデータ・ニュース』より

図3　超高層マンションの完成（予定）年次別計画棟数・戸数＜首都圏＞

　東京都区部や神奈川、埼玉、千葉でそれぞれに超高層計画がなされていて、中でもやはり東京都区部が一番多く、この先まだまだ118棟ぐらいが建てられ、5万9千戸が計画されているのが現状です。

完成（予定）	首都圏		近畿圏		その他		合計	
	棟数	戸数	棟数	戸数	棟数	戸数	棟数	戸数
2011年	24	8,312	12	3,435	9	1,574	45	13,321
2012年	38	8,874	13	3,473	17	3,713	68	16,060
2013年	35	9,611	18	6,133	12	2,278	65	18,022
2014年	24	5,620	17	5,091	4	644	45	11,355
2015年	33	13,624	10	3,015	12	2,182	55	18,821
2016年	18	7,857	8	2,200	8	2,047	34	12,104
2017年	20	5,900	7	2,676	12	2,622	39	11,198
2018年	19	5,680	10	2,209	12	2,116	41	10,005
2019年	28	8,547	18	5,239	17	3,253	63	17,039
2020年	21	7,577	8	1,688	13	2,726	42	11,991
2021年	26	8,587	9	3,622	12	2,768	47	14,977
2022年	20	9,781	10	2,448	22	4,246	52	16,475
2023年	29	13,172	12	3,265	16	4,058	57	20,495
2024年	17	7,086	7	2,934	5	942	29	10,962
2025年以降	81	43,199	8	2,557	6	1,243	95	46,999
2021年以降計	173	81,825	46	14,826	61	13,257	280	109,908

超高層マンションの完成（予定）年次別計画棟数・戸数＜全国＞ ※階高20階建て以上

※2021年3月末現在判明分

※2021年4月27日付　㈱不動産経済研究所『不動産経済　マンションデータ・ニュース』より

図4　超高層マンションの完成（予定）年次別計画棟数・戸数＜全国＞

　全国でみると、首都圏が先ほどの173棟8万戸、近畿圏で46棟、その他の61棟は、九州では福岡、札幌、広島、名古屋等で、全280棟10万戸というのが現在の超高層マンションの計画数です。

○超高層マンションとは

　超高層マンションの特徴として、低層部に商業施設や行政の機関事務所などを内包するケースも非常に多く、ほとんどが駅前や元工場、商業施設などの跡地の再開発等、また、湾岸域など大規模開発に伴うものが非常に多いです。

超高層マンションとは

・低層部に商業施設や行政機関、事務所などを内包するケースも多い
・ほとんどが駅前や元工場・商業施設などの跡地の再開発によるものか、湾岸域などの大規模開発に伴うもの

武蔵小杉パークシティ・川崎市区民館・コンビニ　　武蔵野タワーズ・併設5階建て商業施設・市施設

図5　超高層マンションとは

　実例としては、下に公民館が入る、コンビニエンスストアが入るとか、図5右の建物では5階建ての商業施設で、ジムやスーパー、飲食店が入っています。もちろん市の施設等が入ったりもします。

超高層マンションとは

・国土交通大臣が定める基準（告示1416号）時刻歴応答解析を要す、都市計画法による公開空地などを設ける事で容積率など建築基準法集団規定の緩和規定がある
・今や100m（約30階）は普通、150m（45階）、200m（50階超）のものが主流、計画中では65階建て235m（3200戸）も

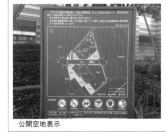
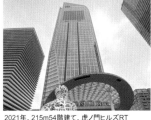

公開空地表示　　　　　　　　　　2021年、215m54階建て、虎ノ門ヒルズRT

図6　超高層マンションとは

　また、超高層マンションは、一定の基準で時刻歴応答解析という構造計算をしなくてはいけません。また、公開空地などを設ければ、容積率のなど建築基準法の集団規定の緩和規定があり、そのおかげで大きなものができるということがあります。公開空地には図6左のように表示を立てなければいけない決まりがあります。また、高さ100m約30階のものは今や普通です。今は150m 45階建て、200m50階建てあたりが主流です。最新の計画では実際に65階建て235m 3200戸という計画も進んでいます。2019年の段階では大阪にある北浜タワーが209m54階建てで日本最高の高さだったのですが、2021年に215m54階建ての虎ノ門ヒルズレジデンシャルタワーが最高の高さの建物になりました。

ですが、これもまもなく計画中のものに抜かれるというのが現状です。

○超高層マンションの構造的特徴

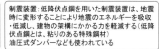

図7　超高層マンションの構造的特徴

構造的な特徴として、初期のもの、2000年より前のものはいわゆる鉄骨鉄筋コンクリート造や鉄筋コンクリート造による耐震型の建物が主だったのですが、現在は高強度コンクリートによるプレキャスト鉄筋コンクリート造が主になっていて、耐震型だけではなくて、免震や制震等の機構が加えられたものも非常に多くなっています。

免震装置は積層ゴムアイソレータや鉛ダンパー、油圧ダンパーを組み合わせて、地盤から建物に直接伝わる地震動を減免させる建物です。建物と地盤を切り離すので、建物周りに稼働域を必要とします。

制震装置は免震装置とは違って、低降伏点鋼を用いた制振装置、地震の時に変形することによって地震のエネルギーを吸収する、それによって力を低減して、建物の架構にかかる力を減らす、そういう機構です。粘りのある特殊鋼材が使われていたり、油圧式のダンパー等も使われていたりして、力を制御するのが制震装置です。

鉄筋コンクリート造が今では主だというお話をしましたが、柱や梁、床板といったものが工場で製作されて現地に運ばれて組み立てられるという造り方が主になっています。パネルゾーンというのは柱と梁の取り合いの部分ですが、一時期はこの部分だけは現場でコンクリートを打つというような工法が多かったのですが、今はこの部分も含めて工場で生産したものを造って持ってきて、組み立てるという工法が非常に多くなっています。床に関してもハーフPCと言って工場で

造ってきたものに、床のコンクリートを打って一体化するという工法が非常に多いようですが、施工会社ごとに工夫を凝らした、最新技術を駆使して建てられているのが超高層マンションです。

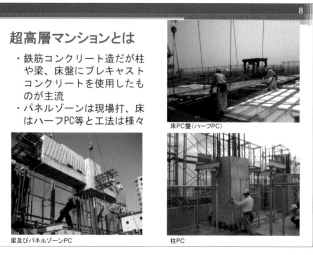

図8　超高層マンションとは

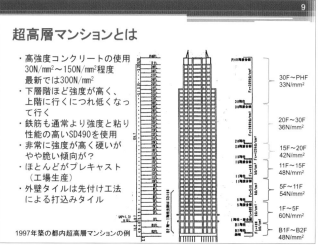

図9　超高層マンションとは

高強度コンクリートが使われることで、こういう高層の建物が造れるようになりました。一般的には20N/㎟位のコンクリートが中高層の建物では使われていますが、30 N/㎟から150 N/㎟、最新のものでは300 N/㎟という非常に強度の高いコンクリートが使われるようになっています。下層階ほど強度が高く、上階に行くに従って低くなっていくのが非常に多く、鉄筋等も通常より強度と粘り性能の高いものが使われています。ただし、高強度コンクリートは強度が高く非常に硬いのですが、性質としてやや脆い傾向にあるようです。

これは東京理科大学の兼松研究室でもいろいろ研究されていて、こういう粘りと強度の高い鉄筋を組み合わせることで、構造的には問題ないものとされています。

構造体は今やプレキャストが主流で、現場でコンクリートを打つことはほとんどありません。下層階や地下だけは現場打ちコンクリートとし、あとは工場で生産されて持ってきて現地で組み立てる。外壁に関しては先付工法といい、最初からコンクリートにタイルを打ち込んである、後から張るのではない工法のタイル張り外壁の建物が極めて多いのが現状です。

図10　超高層マンションとは

形は、アウトフレーム型という柱と梁が外側にあるもの、バルコニーを持ち出しているもの、コーナー部分にカーテンウォールを設置しているもの、また上階で形状が変わりセットバックしているものなど、色々なものがあり形状がさまざまです。

図11　超高層マンションとは

図11は、平面形状が円形のもの、上層階で大きくなってしまうオーバーハングと言う建物。また、上階でセットバッグしていくものと色々な建物が現在建てられています。

図12　超高層マンションとは

また、中央部に吹き抜けがあるマンションもあります。中央部に吹き抜けがあることで廊下が屋外となり、開放廊下として延床面積に参入されない建築基準法の規定・消防法上の外部に有効に開口された廊下など、法的な緩和が適用できるというメリットがあります。

図13　超高層マンションとは

また、屋上にはなぜか色々なその建物を特徴付けるような飾りがついているものが非常に多いです。ファーリングと言いますが、主にヘリポートのホバリングスペースの周りに、それを覆うように設置されていたり、建物をライトアップしたり、建物を印象づけるための照明などが設置された飾りのようなものです。これも色々な形状のものがあります。左写真の建物は屋上のこの王冠のような飾りが夜ライトアップされすごく綺麗です。

また、中には外壁に多様な色を使っているものもあります。このような外観がカラフルな建物もあります。

図14　超高層マンションとは

図15　超高層マンションとは

また図15左のように上の方の階が大きくなっている、下の方の階よりも平面形状が大きくなっている建物も足場の形状が非常に難しい事例です。また図15右の建物の場合は、外側に下から上まで全部カーテンウォールでバルコニーの手すりもガラスパネルです。後でお話ししますが、実は足場の仮設が少し難しかったりします。

また、図16左の中間層に凹みがあるというのも足場の仮設が難しいものと言えます。外周のゴンドラなどと別に枠組み足場が必要だと思います。右のように外側が円形の形状をしているこういう建物も最近はあるのですが、これもやはり足場の仮設がやや難しい建物と言えるでしょう。

図16　超高層マンションとは

■ 大規模修繕工事

○超高層マンションの修繕対象

　ここからは、大規模修繕工事に関してのお話をしたいと思います。実際の大規模修繕工事は、どのようなことをどのように計画しなければいけないのかというお話をしたいと思います。

図17　超高層マンションの修繕対象

　まず、修繕の対象はどういうところか。当然建物の構造躯体、プレキャスト躯体の劣化状態、タイルの仕上げ、打込みや現場張り、色々なものがあります。塗装の仕上げ、化粧パネル、ＡＬＣ版、石張りのところ、ガラス、アルミ手摺、ガラスパネル手摺、シーリング、屋外鉄骨階段、色々な改修部位と既存の建材があって仕上げもそれぞれです。それぞれに直さなければいけないものです。そしてこういったものにはそれぞれに費用がかかります。仮設も大変、色々な事を検討する必要があります。

超高層マンションの修繕対象 18

・豪華なエントランス、中廊下、ホワイエ、スポーツジム、共用ラウンジ、ゲストルーム、集会室、管理カウンター、住民専用プール、バーラウンジ、防災センター、公開空地池、滝など共用の施設が色々内包されている
・これらの維持にかかる費用は管理費に含まれ運営される

図18　超高層マンションの修繕対象

マンションに関係する共用部分のすべてが修繕対象です。豪華なエントランス、中廊下、ホワイエ、スポーツジム、共用ラウンジ、ゲストルーム、集会室、防災センター、管理カウンター、住民専用のプールやバーラウンジなど、色々な施設があります。

超高層マンションの修繕対象 19

・豪華なエントランス、中廊下、ホワイエ、スポーツジム、共用ラウンジ、ゲストルーム、集会室、管理カウンター、住民専用プール、バーラウンジ、防災センター、公開空地池、滝など共用の施設が色々内包されている
・これらの維持にかかる費用は管理費に含まれ運営される

図19　超高層マンションの修繕対象

図19は別棟でスポーツジムがあり、中にプールもあります。右は最上層階にある住民用の共用ラウンジです。
　図20右の公開空地も全部修繕の範囲です。屋上に住民用の展望デッキがある建物もあります。
　図21など、外構部に池があったり、川が流れていたりします。また、エントランスホールに滝があるマンションもあります。こういうものも当然修繕すべき対象部分になります。意匠的な部分だけではなく、ポンプなどの設備機器も対象です。

超高層マンションの修繕対象 20

・豪華なエントランス、中廊下、ホワイエ、スポーツジム、共用ラウンジ、ゲストルーム、集会室、管理カウンター、住民専用プール、バーラウンジ、防災センター、公開空地池、滝など共用の施設が色々内包されている
・これらの維持にかかる費用は管理費に含まれ運営される

図20　超高層マンションの修繕対象

超高層マンションの修繕対象 21

・豪華なエントランス、中廊下、ホワイエ、スポーツジム、共用ラウンジ、ゲストルーム、集会室、管理カウンター、住民専用プール、バーラウンジ、防災センター、公開空地池、滝など共用の施設が色々内包されている
・これらの維持にかかる費用は管理費に含まれ運営される

図21　超高層マンションの修繕対象

超高層マンションの修繕対象 22

・豪華なエントランス、中廊下、ホワイエ、スポーツジム、共用ラウンジ、ゲストルーム、集会室、管理カウンター、住民専用プール、バーラウンジ、防災センター、公開空地池、滝など共用の施設が色々内包されている
・これらの維持にかかる費用は管理費に含まれ運営される

図22　超高層マンションの修繕対象

スポーツジムを併設しているマンションにはたとえば左写真のような体育館があったりしますが、こういうところの壁の塗装や床の修繕も当然大規模修繕の対象ですが、トレーニング機器などの一般的な維持に関しては管理費に含まれて運営されています。

公開空地には噴水や池があるマンションもあります。その巡回ポンプなども修繕の対象です。

超高層マンションの修繕対象

・豪華なエントランス、中廊下、ホワイエ、スポーツジム、共用ラウンジ、ゲストルーム、集会室、管理カウンター、住民専用プール、バーラウンジ、防災センター、公開空地池、滝など共用の施設が色々内包されている
・これらの維持にかかる費用は管理費に含まれ運営される

<図23　超高層マンションの修繕対象>

図23は最上階にプールのあるマンションです。当然これらの床・壁・天井や防水などの修繕工事は修繕積立金の対象、一般に水質の維持や監視員などの運営費は管理費の対象になっています。右は最上階にカフェラウンジがあり、夜はバーとして運営しています。意匠や設備機器の修繕は概ね修繕積立金、バーテンダーや運営のための費用は管理費で賄われています。

超高層マンションの修繕対象

・給排水設備、消防設備（自火報、スプリンクラー）、受電設備、自家発電機、給湯設備、共用中廊下用空調室外器機械式駐車場、エレベーター、エスカレーターなどの設備機器類が山盛り
・これら設備機器も法定点検や修繕の対象

図24　超高層マンションの修繕対象

設備も色々あります。給排水設備、消防設備、自火報ややスプリンクラーですね、受電設備、自家発電機、給湯設備、共用中廊下用の空調設備、機械式駐車場、エレベーター、エスカレーター。そういった機械類がたくさんあります。

超高層マンションの修繕対象

・給排水設備、消防設備（自火報、スプリンクラー）、受電設備、自家発電機、給湯設備、共用中廊下用空調室外器機械式駐車場、エレベーター、エスカレーターなどの設備機器類が山盛り
・これら設備機器も法定点検や修繕の対象

図25　超高層マンションの修繕対象

給水は中間に受水槽があるもの、消防用のポンプもあります。右は地下にボイラーがあってセントラル給湯をしているヒーツというシステムの一部です。これらの設備機器類も全て修繕工事の対象になります。

超高層マンションの修繕対象

・給排水設備、消防設備（自火報、スプリンクラー）、受電設備、自家発電機、給湯設備、共用中廊下用空調室外器機械式駐車場、エレベーター、エスカレーターなどの設備機器類が山盛り
・これら設備機器も法定点検や修繕の対象

図26　超高層マンションの修繕対象

図26左は電気室です。共用電気の動力盤、こういったものも将来的には交換しなければいけないものですし、法定点検や修繕の対象でもあります。右、自家発電機器も当然のことながらメンテナンスが必要ですし、年に1回の運転が法廷で義務付けられています。また将来的に交換しなければいけないとなると、実例としては1台1億円くらい費用がかかる（設置されている機器により異なります）設備機器です。

中廊下やエントランスホールなど共用部分の空調設備機器も修繕対象ですし、その空調室外機は屋上などに設置されているマンションもあります。外壁などの

清掃や点検用の常設ゴンドラ等が設置されているところもあります。こういうものも当然交換の対象です。機械ですので、必ず交換しなければいけない時がきます。図27右、機械式駐車場も大きいところでは5段〜6段式のエレベーターパズル式といったものがあります。メンテナンス費用だけでも高額な費用がかかりますし、更新の費用と言ったらそれこそ何億円どころではありません。10億・20億円の世界です。

図27　超高層マンションの修繕対象

図28　超高層マンションの修繕対象

エレベーターなども更新の費用は1台で1億ほどかかるというのが私の関わったマンションでの実例としてあり、長期修繕計画上の想定金額として計上されていることもあります。規模の大きなマンションでは、1棟で24機ものエレベーターがあるマンションもあります。

○超高層マンションを直す

超高層マンションを直す

私の仕事の主たるものはマンション共用部分の
大規模修繕工事の改修設計コンサルタント

ここまで見てもらって来たものは全て
マンションの共用部分で大規模修繕工事の対象部分

大規模修繕工事と言うのは建物の経年などによる劣化を
計画的に修繕し維持保全し続けるために必要な工事
国土交通省では12年ごとの計画修繕実施を推奨
（長期修繕計画に基づいて計画を実施）

修繕するための資金はマンションの住民が
面積に応じて支払っている修繕積立金
（日常的な管理のための費用は別途に管理費として支払）

図29　超高層マンションを直す

　私の仕事は、マンション共用部分の大規模修繕工事の改修設計コンサルタントです。これまで見ていただいたものはすべてマンションの共用部分で大規模修繕工事の対象部分です。大規模修繕工事というのは当然、建物の経年などによる劣化を計画的に修繕して維持・保全をし続けるために必要な行為です。国交省のガイドラインでは12年ごとの計画修繕実施を推奨しています。修繕するための資金はマンションの住民のみなさんが専有面積に応じて支払っている修繕積立金が原資です。清掃などの日常管理や簡易な修繕のためのとして、別に管理費を支払っていただいています。

超高層マンションを直す

具体的に「何処を」「どうやって」直すのか

共用部分の外壁や設備、共用部内装などに関する全てが対象
躯体劣化・躯体塗装・屋根防水・バルコニー防水
シーリング・鉄部塗装・外構部など
建物を調査して建物の維持保全に必要である
と必要と思われるものを全部まとめて
計画的に行うのが大規模修繕工事

修繕する部位ごと・材料ごとに本来であれば異なる修繕周期があ
るが、それを如何に適切にまとめて、工事の必要性を住民に説明
して合意形成を行い工事を実施出来るかが設計者の力量
足場をかけた時しかできないものは同時に直す
先送りできるもの・やる必要のないものの見極めが重要

図30　超高層マンションを直す

具体的にどこをどうやって直すのかというお話ですが、共用部分の外壁や設備、共用部の内装などに関するすべてが修繕の対象です。躯体の劣化、塗装、防水、バルコニーの防水やシーリング、鉄部塗装、外構部など建物の調査をして建物の維持・保全に必要であると思われるもの全てをまとめて計画的に行うのが大規模修繕工事です。修繕する部位ごと、材料ごとに、本来であれば異なる修繕周期があります。これをいかに適切にまとめて、工事の必要性を住民に説明して合意形成を行って工事ができるか、というのが設計者の力量であり、試されているところです。足場を架けた時しかできないものは同時に修繕する。先送りできるもの、やる必要のないものの見極めも重要となってきます。

一番大変なのが実は足場の仮設工事です。建物形状と工期、予算、施工性などを考慮して選定する必要があります。大規模修繕工事の30%から50%の費用がかかります。これは組合に資産として残らないものになるのですが、必要な工事です。

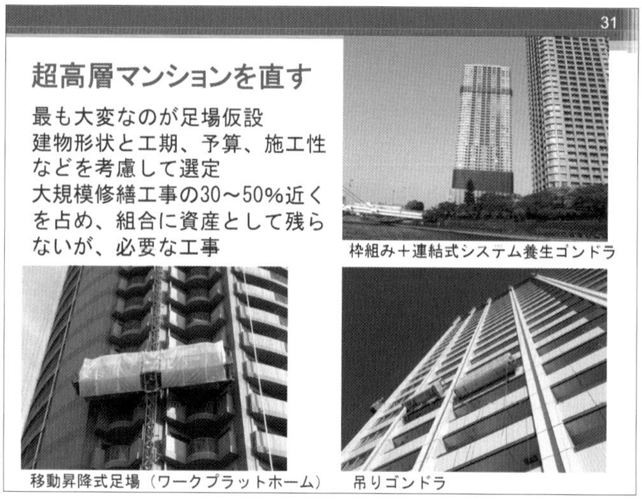

図31　超高層マンションを直す

仮設足場には色々な種類と形状があります。枠組み連結式システム養生ゴンドラ、また移動昇降式足場、ガイドレール式ゴンドラ、吊りゴンドラといった、色々な形状のものがあります。

超高層マンションを直す　直接仮設工事　32

■超高層マンション（高さ１００m以上）大規模修繕工事の仮設足場による比較検討（仮定：高さ１００m　全周囲１２０m）

仮設足場		ゴンドラ足場・ゴンドラ 枠組足場併用				機械式足場
種別		ロングスパンゴンドラ・ガイドレールシステム（連続設置）	連結式ゴンドラ（2F～3F対応）（全周囲 連結）	システム養生ゴンドラ（5～10F対応）（SSPWENSシステム）	システム養生ゴンドラ 枠組足場併用	移動昇降機械式足場（ワークプラットホーム）
工法写真		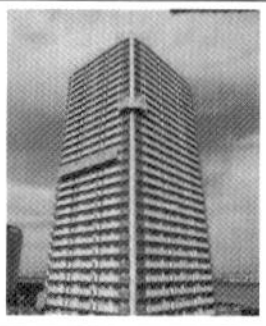	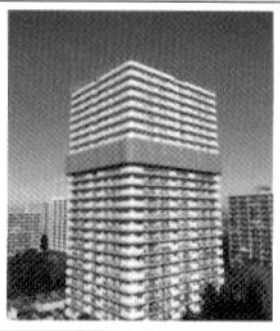	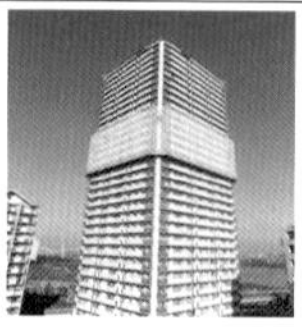	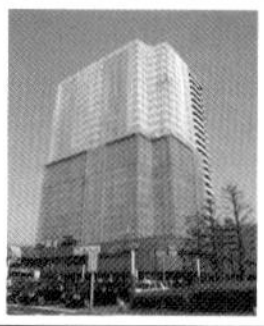	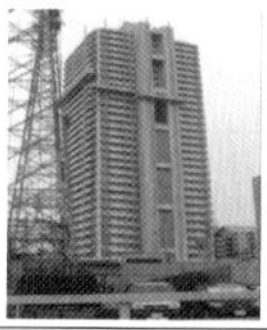
仕様特徴	法定制限	製造許可・検査（基準局）承認済 設置届（工事用ゴンドラ）検査証受領済 コーナー等特殊形状の場合変更検査受検	コーナー部等については 変更検査の必要性大（監督署） 新規制作は、製造検査受検	製造許可・検査（基準局）承認済 設置届（工事用ゴンドラ）検査証受領済	製造許可・検査（基準局）承認済 設置届（工事用ゴンドラ）検査証受領済	製造許可・検査（基準局）なし 設置届け申請必要（所轄監督署）
	電源（一面分）昇降速度	3相200V 6×1.5KW 5.0/10.0m/min 二段変速	3相200V 10×1.5KW 5.0m/min	3相200V 6×0.9KW 5.0/10.0m/min 二段変速	3相200V 6×0.9KW 5.0/10.0m/min 二段変速	3相200V 4×3.0KW 6.0m/min
	屋上負荷	パラペットに掛かる負荷 屋上スラブに掛かる負荷 定置式	屋上スラブに掛かる負荷 連結式	パラペットに掛かる負荷 屋上スラブに掛かる負荷 定置式+ゴンドラ電動横行	パラペットに掛かる負荷 屋上スラブに掛かる負荷 定置式+ゴンドラ電動横行	屋上には負荷なし
	費用判定（安価順）	1	5	3	2	4
	納期	標準機種・吊具【14日】 届出関係事前承認済み	標準機種・吊具【30日】 届出関係事前承認済み 特殊形状の場合【90日】	標準機種・吊具【14日】 届出関係事前承認済み	（ゴンドラ）届出関係事前承認済み （足場）監督署 届出【75日】	図面承認後【75日】 監督署 届出・補強材制作
安全性	飛散防止対策	ゴンドラ自体（部分） メッシュシート・フラップ養生	ゴンドラ自体（全体・全周囲） メッシュシート・フラップ養生	施工範囲養生（全体・全周囲） メッシュシート・吊架台	枠組足場（全体・全周囲） 施工範囲養生（全体・全周囲） メッシュシート・吊架台	昇降ステージ自体（部分） メッシュシート・フラップ養生
	飛散防止判定	4	1	2	3	5
	バルコニー養生の必要性	有	無	無	無	有
	地上部養生	朝顔養生 安全通路の架設	無（組立・解体時は必要となる場合有り）	無	枠組足場と同様 朝顔養生安全通路の架設	朝顔養生 安全通路の架設
	安全装置「作業時安全」	安全帯の使用 昇降装置（超高層対応）ワイヤ掴み装置付き 過荷重リミット・単体、複数台水平制御	安全帯の使用 昇降装置（超高層対応）ワイヤ掴み装置付き 過荷重リミット・複数台同時制御	安全帯の使用 昇降装置（超高層対応）ワイヤ掴み装置付き 機種別安全装置	安全帯の使用 昇降装置（超高層対応）ワイヤ掴み装置付き 機種別安全装置	安全帯の使用 水平制御・非常時掴み装置
	風対策 工事中	吹流し・風力計設置（携帯用風速計） ゴンドラ振止め対策としてガイドレール有り	吹流し・風力計設置（携帯用風速計） ベランダ部にアンカー固定 台風時等メッシュ養生格納必要	吹流し・風力計設置（携帯用風速計） 養生架台部アンカー固定 養生メッシュ電動昇降	吹流し・風力計設置（携帯用風速計） 枠組み足場アンカー固定 養生メッシュ電動昇降	吹流し・風力計設置（携帯用風速計） マストを1F起きにアンカー固定 マストにより触れ止め
施工性	施工の流れ 作業工程	縦施工と連続設置により横施工も可能となり、生産効率はあがる。業種により単体での縦施工も可能	2フロアーから3フロアーを同時施工。1工区完了後に垂直移設をさせる。1工区が約30日前後かかる為、工期は長期化	5～10フロアを1工区とし、横移動式ゴンドラを設置することにより、立て、横施工可能。完了後に垂直移設させる。1工区30日前後かかる	上部はSSPWENS施工とし、枠組み足場と併用施工の為上下作業可能、効率は良いが上下層で居住環境が変わる	縦施工と横施工も可能。生産効率は確保できるが1フロア同時施工のため、職種により作業員のロスタイムが発生
	工具使用制限	無 （ゴンドラ内部より100V電源確保）	無 （ゴンドラ内部より100V電源確保）	無 （ゴンドラ内部より100V電源確保）	無・有 上層階：ゴンドラ内部より100V電源確保 下層階：枠組足場各フロアーに電源を設置	無 工具用電源を別途設置することにより電源確保
	作業床幅/積載 揺れ	600mm/1,800Kg ガイドレールにより揺れなし	600mm/5,900Kg 各ベランダにアンカー固定揺れなし	600mm/900Kg ゴンドラは揺れあり、養生架台はアンカー固定	ゴンドラ600mm、枠組み足場600～900mm ゴンドラ揺れ有り、足場揺れ無し	1,200mm前後/3,900Kg マストにより揺れなし。撓みによる揺れ有り
	生産効率ランク	2	5	3	1	4
工事中居住環境	防犯性	工事関係者以外侵入不可能	工事関係者以外侵入不可能	工事関係者以外侵入不可能	地上部 枠組足場での侵入者防止対策が必要	工事関係者以外侵入不可能
	採光・通風 居住性	日常に近い居住性確保	限られたエリア、一定期間のみ メッシュシートあり	限られたエリアのみメッシュシートあり メッシュ電動昇降にて居住性確保	上層部は日常に近い居住性確保 下層階は定置式の枠組足場のため、居住性が著しく阻害される	日常に近い居住性確保
	工事休止中 処置	最上部フロアーでの固定又は、 地上ゴンドラ着床ステージ上部での固定	工事施工部位に設置 ※作業員の動線確保（共用部等）	ゴンドラは、最上階で固定 作業員は屋上からの乗降	上層部ゴンドラは、最上階で固定 下層部は施工中と同様	地上所定位置に固定

資料提供：日本ビソー株式会社

図32　超高層マンションを直す・直接仮設工事

色々なシステムがあって建物ごとに使えるもの使えないもの、メリット・デメリット、費用、そういったものが異なるので建物ごとに、それぞれに計画する必要があります。

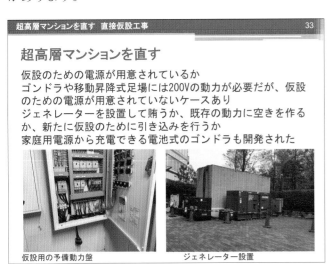

図33　超高層マンションを直す・直接仮設工事

ゴンドラや移動昇降式足場には200Vの動力が必要です。大規模修繕工事のゴンドラなどを使用することを想定して、予備の動力が用意してあるマンションはいいのですが、それがない場合発電用のジェネレーターや、新たにキュービクルを設けて引き込みを行うなど、費用も手間もかかることになります。必ず事前に確認しておくことが必要です。

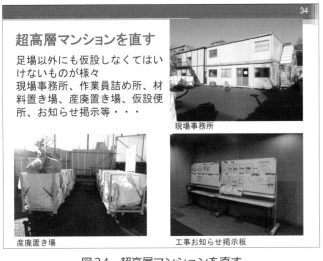

図34　超高層マンションを直す

実際に直す際に足場などの直接仮設以外にも仮設しなくてはいけないものがたくさんあります。現場事務所、作業員の詰め所、資材置き場、廃材置き場、仮設便所、お知らせ掲示板等、こういったものが共通仮設として必要になります。

○外壁の改修

図35　超高層マンションを直す

実際に建物の外壁の何をどう直すのかという話になりますが、タイルや躯体のひび割れ、浮き、雨水侵入などに鉄筋端発錆によるコンクリートの欠損など色々なところを直さなければいけない。タイルの割れや欠損といったものを直す。浮いていればそれを樹脂注入やピンで固定するなど、色々なことを考えなければいけない。図35右下写真のように発錆して爆裂を起こしていれば、当然それは直さなければいけない訳ですが、どのように直すか。タイルを貼り戻すのがいいのか、モルタル等で埋めるのがいいのか、色々な工法があります。設計者ごとに直し方それぞれです。

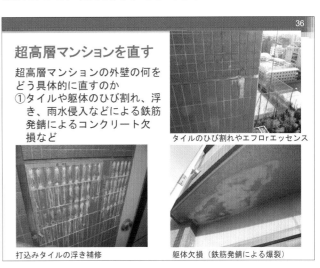

図36　超高層マンションを直す

実は高強度プレキャストコンクリート躯体では、確固たる改修工法が確立されていないのが現状です。先付けタイルは目地まで高強度躯体なので、どのように直すのが最適なのか、試行錯誤しているのが実態です。

図37　超高層マンションを直す

コンクリート躯体外壁の塗装の劣化も当然直す対象です。表層がチョーキング（塗膜が粉化し、触ると手に白い粉がつく状態）を起こしているものを塗り替える。塗装には美装だけでなく、躯体を保護して中性化の進行を抑える役割もあります。まず洗浄をして下地を健全な状態にする。この洗浄する時の洗浄水が非常に周辺に飛散しますので、飛散しないようにする養生も非常に大事ということになります。

お部屋まわりのALC板の塗装部分なども、当然、塗り替える必要があります。塗装は、計画修繕としては非常に重要な項目と言えます。

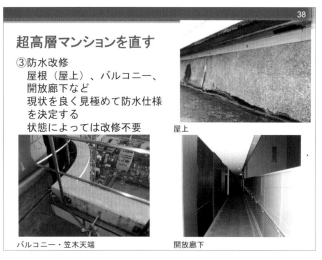

図38　超高層マンションを直す

次は防水です。屋上防水、バルコニー、開放廊下など、状態をよく見極めて防水仕様を決定したいものです。新築時の施工状態によっては改修不要な場合もあります。屋上で保護コンクリートがあって、立ち上がりの防水層も非常に健全であれば、絶対的に修繕をしなければいけないかと言ったら、直さなくてもいいという判断もあります。保護アスファルト防水であれば、一般的に新築時に適切に防水層が形成されていれば50年位は十分維持することが可能な仕様です。そういう場合に果たして被せ工法などのなんらかの形で修繕するのが適切であるかどうか、コスト、耐用年数、保証期間、費用対効果として適切かどうか色々なことを考える必要があります。バルコニーや笠木の部分、こういった部分も直さなくてはいけないものになります。もちろん屋上の防水層の保護コンクリートの施工が悪くて、立ち上がり部分で破断しているような場合には、部分的に補修すれば十分という場合も当然あります。露出防水の場合も膨れていればパッチ補修等をすれば事足りる。全面的に修繕しなければいけないというものでは必ずしもない、ということも覚えておいていただきたい。もちろん部分改修ではなく全面改修として、アスファルト防水層の増し張り工法や、塩ビシート防水機械式固定工法で修繕するという考え方もあります。

図39　超高層マンションを直す

図39のようなバルコニー笠木などの防水も適切に修繕する部位です。バルコニーや開放廊下の床面も、長尺塩ビシートがめくれていれば直さなければいけない。または張り替える。巾木や側溝部分のウレタン塗膜防水を塗り直すといったことが必要になります。

また、一般に線防水というシーリング材も止水材料としては重要で、必ず直さなくてはならないものの一つです。プレキャストの柱・梁には取り合いの目地、サッシ廻り、ALCジョイントの目地、手摺支柱の根元回り、色々なところにシーリングがあります。

プレキャスト躯体の打ち継ぎ目地のシーリング、こういったものはやはり露出目地ですから紫外線劣化が激しいため打ち替えが必要になります。

図40　超高層マンションを直す

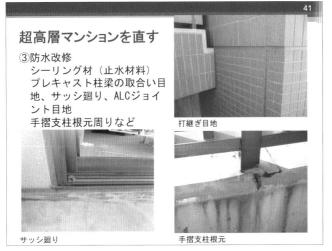

図41　超高層マンションを直す

ていれば改修するとか、建物の隅々まで見てあらゆる部位の適切な改修仕様を考える必要があります。

図42　超高層マンションを直す

○超高層マンションの問題

図43　超高層マンションの問題

こういうサッシまわりも、劣化が進行すれば打ち替える。塗装がかかっていても痩せてくるというようなところは打ち替えの必要がります。ですがALCパネルの取り合い目地というのは、シーリングを撤去する際にALCパネルも一緒に欠けてしまうという問題があるので、果たして打ち替えることが適切かどうかを考える必要があります。そういうことを含めてどうするのが最も適切かを考えていただきたい。手摺の支柱根元が埋め込み型の場合には、埋め込んである周りをシールして水が入らないようにするなど、様々な細かいことを考えなくてはならないのです。

金物等の雑改も当然必要です。手摺もアルミ手すりで点錆（白い点状のアルミ特有の錆）をおこしているようなものは研磨清掃して綺麗にするとか、いろいろなことを考えなくてはいけません。サッシも共用部分ですから、動きが悪ければ戸車を点検するとか開閉調整をするなどが必要です。屋上にあるヘリコプターのホバリングスペースなどは、ヘリサインが経年で色褪せ

また超高層マンションの場合どうしても足場に上がらないとわからないことがたくさんあります。劣化状況の詳細、新築時の不具合、図面との相違点。新築時の不具合に関してデベロッパーさんや元施工者への責任追及ができるかといったようなことも考えなきゃいけない。新築時の塗装の塗りわすれであったり、塗装の付着汚れがあったり、写真のような足場の爪後が残ったままになっていたり、そんなものも実際の建物であった事例です。

場合によっては想定外にシーリングの劣化状況が非常に激しくボロボロになっている、粉化している、口も開いている、完全に喪失している、などといったものを実際に私は見ております。

図44　超高層マンションの問題

日常の点検・修繕も難しい、直す計画を立てること、直すこと自体も非常に難しいものも実はあります。こういう屋上の飾り、そのためだけに足場を架けなくてはいけない、当然直さなくてはならないものですので、止むを得ない。またこういう場所に設置された照明（電球）を換えるためだけに足場を組まなくてはならないケースも実際に見ています。

足場の仮設が困難な形状をしているマンションもあります。ゴンドラが吊れないところ、屋上の上にさらに３ｍ位の塔が建っていて、そこだけ個別に足場を架設して作らなければならないなど様々です。

図45　超高層マンションの問題

また、免震や制震の装置、メーカーさんは交換不要と言っているのですけれども、実際には加硫ゴムなので、果たして本当にメンテナンスしなくて大丈夫なのか？実際に地震が起きて鉛ダンパーにひび割れが出来て交換しなければいけなかったという実例もあります。こういう制震壁も地震を受けて変形を起こせば元には

戻らないので、交換しなければ制振機能を回復できない。ですが住戸内の戸境壁の中にあったりします。部屋を壊さないと直せないと言うようなものが、実際にはあったりしますので、その建物ごとにそういった状況が起きた時に、どうやって直すのか、また定期的な修繕の中で直さなくてはいけないかどうか、改めて今考えるときにきているという風に考えています。

実際にはこの免震ゴムに関しては偽装があったり、油圧ダンパーの性能偽装事件なんていうのもありました。そういうマンションではこういったものを交換しなくてはいけないということになったのも事実です。

図46　超高層マンションの問題

高強度コンクリートを直すというお話もします。爆裂や欠損を直す際に、躯体強度に対応した補修材料が実はまだありません。先ほど話したように30N/㎟〜300 N/㎟までの幅広い強度の材料がまだない。実際には今ある補修材の中で最も付着性能が良いポリマーセメントモルタルが上巾されたんですけれども、それも60、80 N/㎟、最大でも100 N/㎟位の強度しか出ない。そういった材料です。1500 N/㎟という躯体に対応できるのか。というあたりが今後の課題として残っています。いずれにしましても、後に剥落して落下することがないように直すことが求められていますが、こういったことがどこまで意識されているかというのが、設計者によって異なりますし、よくわからないところです。

プレキャストコンクリートはこれまで発錆、爆裂は起こらないと言われていたのですが、実際にはそれが起こっています。実例としてあります、ひび割れができている。工場生産なのにかぶり厚さが不足している。タ

イル裏にある吊り上げ用の治具や、グラウト注入口金などの発錆等に押し出されてタイルや躯体が破損しているケースもあります。またプレキャストの先付けタイルも品質が一定かと思いきや、浮きや剥離が実際には発生しているのが現状です。部分的に現場張りの箇所があったりします。タワークレーンの付元の金物の上に後からタイルを張っていた事例部分で、金物が錆びてタイルが剥がれたというケースも実例としてあります。

図47　超高層マンションの問題

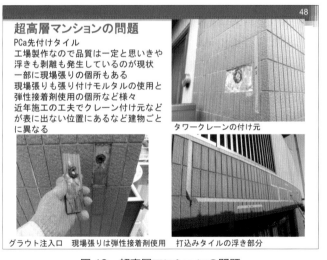

図48　超高層マンションの問題

　最近はこういうタワークレーンの付元も表側に出ないところで付元を作るようになったり、施工者側もいろいろ工夫をしていますけれども、こういうグラウトの注入口の口金なんかも、あとから現場張りのタイルを張っているのですが、それが後で剥がれたようなケースもあるし、実際に打ち込みタイルが浮いている部分も実際に建物として存在します。

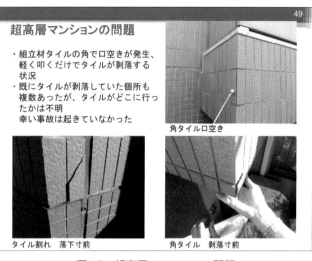

図49　超高層マンションの問題

　また、コーナータイルというのを役物といいますが、焼付で角のタイルをつくっているかと思いきや貼り付け材、組み立て材の角タイルを使っているような建物で、その部分が接着剤が剥がれて、写真のように口空きができたり、剥がれたりというケースも実際には起こっています。これは剥がれているところ、そこの写真です。こんな状態になっていたというようなケースがあります。

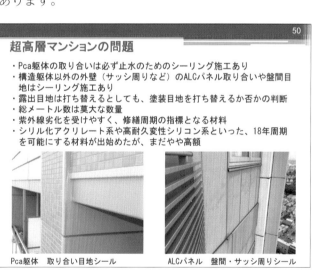

図50　超高層マンションの問題

　いずれにしましても、プレキャスト躯体の取り合いには必ず止水のための線防水というシーリングの施工があります。また、サッシの周りなど、ALCパネルの取り合いや盤間目地などシーリングの施工があるような所で、露出目地を打ち替えるとしても、塗装目地を打ち替えるか否かの判断の必要があります。総メートル数は莫大な数量があります。何万mというm数のシーリングを打ち替えなければいけない。ただこのシーリングというのは本当に紫外線劣化を受けやすいので、

修繕周期の指標となっている材料です。今現在上梓されている一般的な変成シリコンであるとか、ポリサルファイド系のシーリングが露出目地に使われている場合には、やはり15年位が限界と言われています。最近ではシリル化アクリレート系または高耐久変性シリコン系といった、18年周期を可能とする新建材が出始めましたが、まだやや高額です。こういう躯体の取り合い目地、それからALCパネルの取り合い目地、それからサッシ周りのシール。こういったところのシールを、いつどのタイミングで、どのように打ち替えるかといったようなことも考えなくてはいけない。

図51　超高層マンションの問題

二次部材も考えなくてはいけないものの一つです。サッシや手摺などの二次部材もいつか更新しなくてはいけないということは、中高層のマンションの大規模修繕でも十分に経験済みのことです。ですので、これを超高層では、できるのか否かということは、これはやはりなかなか難しいというのが実際です。超高層マンションでこの手摺が一時的にない状態がある。当然その間外には出られないというような状況が起こるわけです。そういう中で果たして、この手摺の更新工事ができるのか、こういうガラスパネルの手摺の交換ができるのか、更新ができるのかというようなことを考えなきゃいけない。サッシの交換も同様です。2000年より前の超高層マンションのサッシは単板のガラスで、現在のようにペアガラスのサッシが使われていないケースがあるので断熱性能が劣ります。冬場にはかなり結露して、苦労されているというお話も聞きます。そういう中で果たしてペアガラスのサッシに変えることが可能か。実は試算してみたところ（例として）470戸全数のサッシの交換を計算したら全部で13億円くらいかか

るというような試算が出ていました。それだけで実はそのマンションの大規模修繕2回分にもなる。サッシの交換だけでそんな費用になるものが果たして長計の中に組み込めるかというようなことが実態としてあります。まあ他にも住戸の隔て板が台風の風で40個箇所近く枠ごと破損した、割れた板がどこかに飛んで行方不明になったという、近隣への事故等が起こらないのが不思議なぐらいのことが実際に起きているということもあるので、耐風圧、耐台風、近年の環境の変化を考えると色々他にも考えなくてはいけないことがあるように思います。

図52　超高層マンションの問題

他にも設備が色々大変です。防災、消火、給排水、給湯、ガス、電気、換気、空調、エレベーター、機械式駐車場と、とにかく共用部分の設備機器が，超高層マンションというのは非常にたくさんある上に、全部巨大です。設備の共用縦管などが交換できるようなスペースがあればいいのですが、そうではないケースもあります。下階のPSの中は配管でいっぱい。場合によっては排水管は部屋の中を通っている。お部屋の中の壁を壊さないと、配管が交換できないという超高層マンションも実はあります。そういうような場合には非常に高額な修繕費用がかかるということが想定されています。長期修繕計画を見直しすると、私が実際に行った例では、大規模修繕工事に比べ設備の改修工事で倍どころか3倍4倍にもなるという想定される結果となったマンションもあります。それが実態です。築20年を過ぎて地下3段式の機械駐車場の利用率がもう既に30%になっていたというようなところで、維持管理コストと駐車場使用料が見合わない。近い将来の機械式駐車場の全更新コストが10億円だったということも考えて、機械式

駐車場をなくす方が経済的だということから全面撤去、平面化をしたマンションが実際にあります。

図53　超高層マンションの問題

私がコンサルした建物で、これを実際に実施したのですけれども、既存の機械式駐車場、地下にこれが2段あって全部で3段ある機械式駐車場ですが、これを狭い中で解体して、搬出をしました。搬出に撤去するという非常に騒音や粉塵などもかなりあった作業です。全部、既存の駐車場を撤去して空になったピットのところに鉄骨の支柱を立てて、鋼板で床を組んで、平置きの駐車場を造ったということです。平面化のコストは1億円ですみ、ランニングコストは更新コストがなくなった上に、平面化で使い勝手が向上したために利用率が上がった。そういうマンションも実際があります。ですが機械式駐車場を撤去するためは、東京都の駐車場設置台数の基準（駐車場付置義務）というのが実はありまして、それを満たす範囲でないと平面化できないというようなこともあるので、平面化には事前確認など注意が必要です。

図54　超高層マンションの問題

仮設の話をもう少しします。足場仮設がいろいろ大変です。足元周りの外壁仕上げが石張りであると、足場繋ぎのアンカーが打てないとか、免震装置の可動域をまたいで、足場の設置ができないため建物ごとに上手く設置するための工夫が必要です。稼働範囲の外と中に分けて仮設をした建物の事例もあります。

図55　超高層マンションの問題

特殊建築物の定期点検というのが義務付けられています。竣工してから10年を超えていて、タイル外壁の改修工事を、10年を超えて行なっていない場合、タイル剥落により歩行者等に危害が加わるおそれのある部分の全面打診調査を、10年を超えて行なっていない場合には、3年以内に外壁タイル全面打診調査を行う必要がある、という内容が法定で義務付けられています。また一部でも浮きがあれば、全面打診が必要という規定もあります。

こうなると超高層マンションでは大規模修繕工事を13年毎にやらないと、この法定点検ができないというようなことになります。ですが、超高層マンションでは先ほどお話したように13年周期などという短い周期で、大規模修繕をすることが果たして具体的、実際にできるのか。管理組合としてはできるだけ修繕周期を伸ばしたいというのが現状、本音だと思いますが、果たしてどうしたらいいのか。近年ではドローンによる赤外線調査も可能になってきましたが、まだまだ正確性の観点から、どこまでそれが使えるのかということもまだこれから考えなくてはいけないことの一つです。ですが考え方としては、このドローンによる調査というものも検討してもいい時代になってきている。ただ、先ほどもお話したこの法定点検なのですが、罰則規定があるのですが、罰則規定が適用された例はまだありま

せん。この先どうなるかは分からない。やらないと、もしかしたら罰則が適用される可能性もあるということを覚えておいていただきたい。

■ 長期修繕計画

最後に長期修繕計画のお話を差し上げようと思います。私としましてはできましたら、新築時からこの先60年ぐらいにわたって長期修繕を考えていただいた方がいいと考えています。

というのは、これまでの実例で60年間で200億円。そういった費用がかかるという試算が、実際ございます。新築時から考えると戸当たり平均で毎月3万円超の積立金を要するという試算も出ています。ほとんどのマンションで、当初の修繕積立金で大規模修繕工事がもう2回目ぐらいになると、行えないというようなことがわかって、改定して値上げをするようなケースが極めて多いというのが現状です。

長期修繕計画
- この先60年間に渡って修繕の計画を立案し、その計画に従って修繕積立金を見直すなどする必要がある
- 超高層マンションでは60年間で200億円（50階建て1000戸想定）の積立金が必要と言う試算がある
  → 新築時から戸当たり平均毎月3万円超の積立金を要する試算
- ほとんどのマンションで、当初の修繕積立金では大規模修繕工事が行えなくなる事が分かり、改訂して値上げするケースがほとんど
- 私の手がけた超高層マンション修繕の費用
  ケース１：築１年で地震被害を受けたマンション修繕費用
  　　　　　総工費：約１億８千万円
  ケース２：築18年ツインタワー第1回目の大規模修繕工事
  　　　　　総工費：約６億４千万円

図56　長期修繕計画

実際の大規模修繕長期修繕計画の修繕周期設定表27年分の実例です。新築時の積立機金のまんまの計画推移で、築７年経ったところの長期修繕計画を見直した結果、１回目12年目の大規模修繕のところでマイナスになることがわかったマンションです。

図57　長期修繕計画

それが築34年目では累計で23億円もマイナスになることがわかって、このマンションでは改訂をしてこの第7期・8期位のところで、積立金が月当たり平均戸当たり6000円だったものを18,000円、3倍まで値上げしたのです。それでなんとか1回目の大規模修繕は乗りきったのですが、2回目は足りないということで、ここは実は私が関わったところなのですが、大規模修繕が終わったあとに、さらに設備機器全てを盛り込み、エレベーターを2回更新するところまでを計画し、築60年目までの見直しをして、模修繕積立金を3万3000円まで値上げをしたというような実例があります。そのグラフはちょっと用意しておりませんが、そのような試算があるということも覚えておいていただきたい。

実際にモデルマンションによる研究というのも、私どもが参加している研究会では行っております。マンションリフォーム技術協会というところで、52階建て千戸のタワーマンションで検討をしてみた結果です。

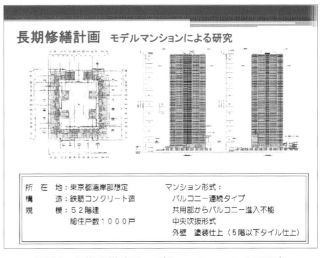

所　在　地：東京都湾岸部想定	マンション形式：
構　　　造：鉄筋コンクリート造	バルコニー連続タイプ
規　　　模：52階建	共用部からバルコニー進入不能
総住戸数1000戸	中央吹抜形式
	外壁　塗装仕上（5階以下タイル仕上）

図59　長期修繕計画 モデルマンションによる研究

58

長期修繕計画表　推移グラフ27年分（実例）

長期修繕計画収支表（平成16年度改定版）　A案：現行修繕費（平均　6,000円/月・戸）　修正後　　単位：万円　　平成20年10月25日

項目1	経過年	第7期	第8期	第9期	第10期	第11期	第12期	第13期	第14期	第15期	第16期	第17期	第18期	第19期	第20期	第21期	第22期	第23期	第24期	第25期	第26期	第27期	第28期	第29期	第30期	第31期	第32期	第33期	第34期
	和暦年度	平成15	平成16	平成17	平成18	平成19	平成20	平成21	平成22	平成23	平成24	平成25	平成26	平成27	平成28	平成29	平成30	平成31	平成32	平成33	平成34	平成35	平成36	平成37	平成38	平成39	平成40	平成41	平成42
	西暦年度	2003	2004	2005	2006	2007	2008	2009	2010	2011	2012	2013	2014	2015	2016	2017	2018	2019	2020	2021	2022	2023	2024	2025	2026	2027	2028	2029	2030
上昇率（現行積立金比率）	100%																												
積立金年額		3,416	3,416	3,416	3,416	3,416	3,416	3,416	3,416	3,416	3,416	3,416	3,416	3,416	3,416	3,416	3,416	3,416	3,416	3,416	3,416	3,416	3,416	3,416	3,416	3,416	3,416	3,416	3,416
収入累計額		33,256	36,744	40,160	43,576	46,991	50,407	53,823	57,239	60,655	64,071	67,486	70,902	74,318	77,734	81,150	84,565	87,981	91,397	94,813	98,229	101,645	105,060	108,476	111,892	115,308	118,724	122,140	125,555
単年度工事費		843	920	102	8,600	162	42,975	9,057	102	18,025	102	5,000	5,269	102	39,268	102	102	9,057	48,922	3,302	162	102	102	88,233	5,000	15,147	10,351	102	
支出累計額		843	1,915	2,033	12,056	12,243	62,330	72,885	73,003	94,010	94,128	99,955	106,095	106,213	151,979	152,097	152,215	162,770	198,783	223,636	223,823	223,941	224,059	327,011	332,838	350,491	362,554	362,672	
積立金残高		32,413	34,829	38,126	31,519	34,748	-11,923	-19,062	-15,764	-33,356	-30,058	-32,469	-35,193	-31,895	-74,245	-70,948	-67,650	-74,789	-128,391	-128,623	-125,595	-122,297	-118,999	-115,701	-215,119	-217,530	-231,768	-240,415	-237,117

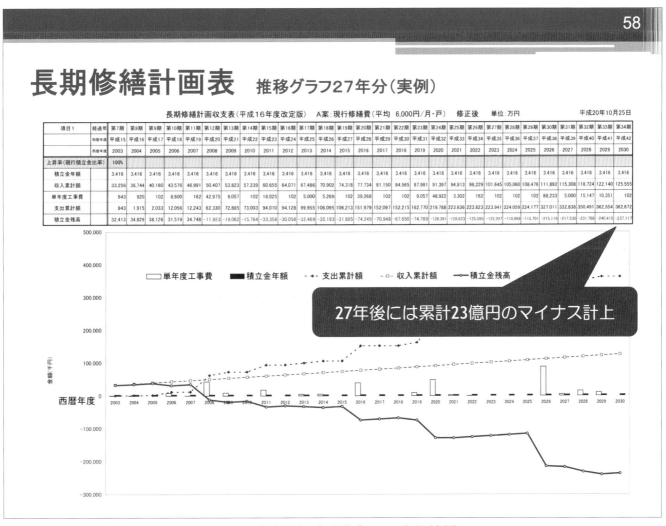

凡例：□ 単年度工事費　■ 積立金年額　‥◆‥ 支出累計額　‥□‥ 収入累計額　── 積立金残高

27年後には累計23億円のマイナス計上

図58　長期修繕計画表 推移グラフ27年分〔実例〕

14年周期で、下地材、塗装材にアクリルシリコン樹脂塗装、シーリングにはポリサルファイド系のシーリングを使って14年の周期で計画を考えています。

1回目の大規模修繕工事で約15億円、2回目の大規模修繕工事で約20億円かかる。エレベーターの更新工事が約5億円かかるというような試算が出ます。

そして3回目の大規模修繕工事ではサッシの更新な

どが入って約54億円、4回目が21億円、そして2回目のエレベーターの更新がまた5億円位。そうしますと60年間の累計で188億円かかる。これを新築時1年目から修繕積立金を割り付けると戸あたりで、26,000円、平米あたりの積立金にして335円とかなり高い金額の設定になったという研究結果です。これをただ途中段階で少しマイナスがあるので、これも解消するよ

図60　長期修繕計画 モデルマンション 14年周期

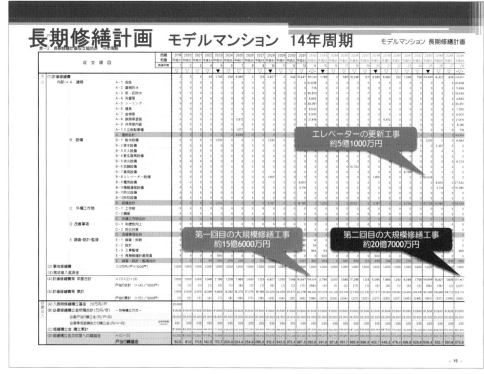

図61　長期修繕計画 モデルマンション 14年周期

うな積立金の設定をすると、さらに高額になるということです。

　ここの部分のマイナスを解消するように、この積立金を設定すると、これをもう少し上回らないといけない。そうなると平米あたり330円ではまだ足らないということになるということでございます。

　これを18年の周期で考えて行こうと思うと、ですねさらに仕様を変えなきゃいけない。

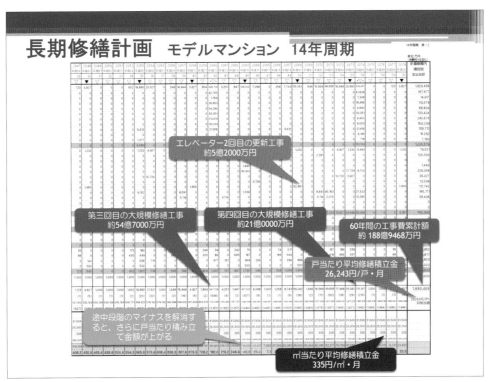

図62　長期修繕計画 モデルマンション 14年周期

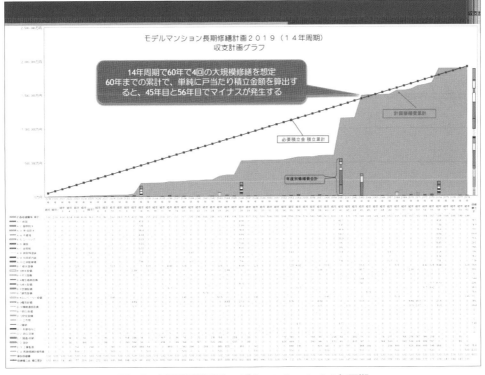

図63　長期修繕計画 モデルマンション 14年周期

下地材料、塗装にはフッ素樹脂塗装。2回目以降には下地の目荒しの手間もかかる。シーリング材にはシリル化アクリレート系といった高耐久性の建材を使わなくてはいけない。

そうしまして計算したところ、1回目が約14億円、エレベーターの更新工事が5億円。

2回目が18年ですから少し先になって、それが14億円、3回目が54億円、これはサッシの修繕等を加えたからです。でもそれが50年目ぐらいのところにくる。エレベーターの2回目、これも当然入ってくる。50年目ぐらいで入れてある。それで60年間で176億円、14年周期と比べると少し少なくなります。ですが1年目からの積立金の戸あたり平均で24,000円、平米単価

図64　長期修繕計画 モデルマンション 18年周期

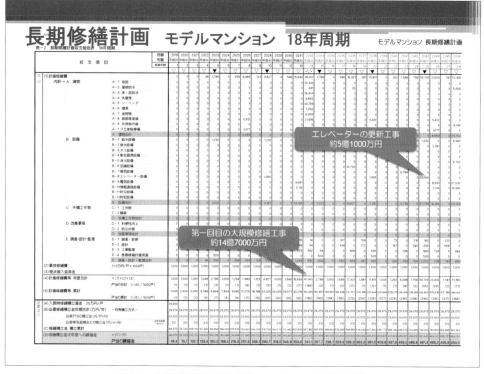

図65　長期修繕計画 モデルマンション 18年周期

ではやはり300円を超えてくるということが想定されています。

ですがやはり途中段階でマイナスが実はちょっと発生するので、このマイナスを解消しようと思うと、60年目だけ＋であればいいということではないので、そのマイナスのところを解消しようと思うとさらに積立金をもう少し高くしてあげないと、間に合わないとい

うようなことが想定されるというのが長期修繕計画の実態として研究結果として挙がっています。ただし、この試算では設備機器類の更新などが全て盛り込まれる前のものですので、給排水・電気・ガス・自家発電機・防災設備などを含むと、もっと積立金が多く必要になると考えています。

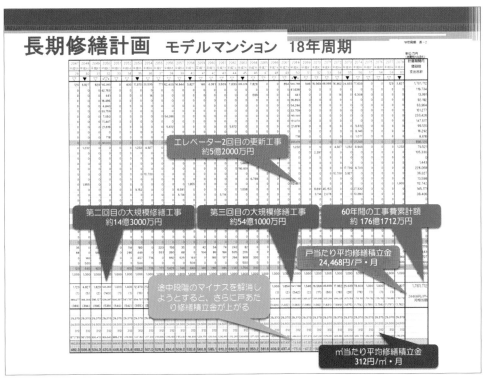

図66　長期修繕計画 モデルマンション 18年周期

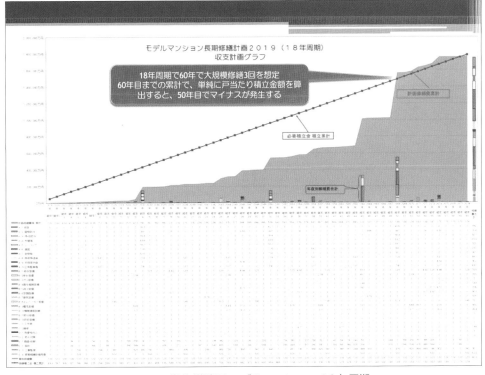

図67　長期修繕計画 モデルマンション 18年周期

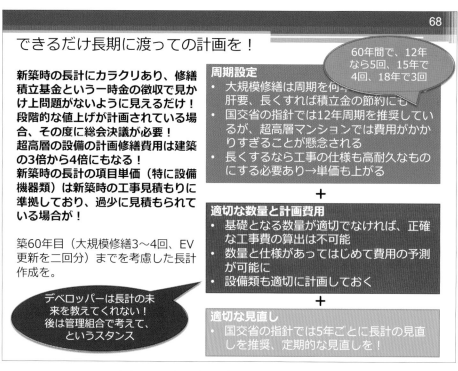

図68　できるだけ長期に渡っての計画を！

管理組合としましてはできるだけ長期に渡っての計画をすることを、私はお勧めしています。新築時の長計には実はいろいろからくりがある。修繕積立基金という一時期の徴収で見掛け上問題がないように見えるように作られているケースがほとんどです。段階的な値上が計画されている場合、そのために総会の決議が必要だったりもします。超高層の設備の計画修繕費用というのは、実は建築の３倍から４倍にもなる。そこがちゃんと見積もられているかどうか。また新築時の長計の項目の単価、特に設備機器で新築工事の工事見積りに準拠していることが非常に多く、過少に見積もられているケースも多いです。ですから、築60年目の大規模修繕３～４回分、エレベーター更新２回分までを考慮した長期修繕計画を作ることをおすすめします。大規模修繕の周期を何年に設定するか、国交省の指針では12年周期を推奨しているけれども、やや費用がかかり過ぎる。周期を長くするにはそれなりに仕様も変えなきゃいけない。単価も上がっていきます。また基礎となる数量が適切かどうか、数量があって初めて費用の予測がつく。設備類も適切に計画をしておいていただきたい。また、国交省の指針では５年ごとに見直し（最新の基準では７年ごとの見直し）をして欲しいと、いうようなお話もありますので、適切な見直しをして、適切な長期修繕計画を組んでいただきたい。60年間で12年周期なら５回、15年なら４回、18年なら３回なんです。そういうあたりをどう考えるか。

○超高層マンションの問題点

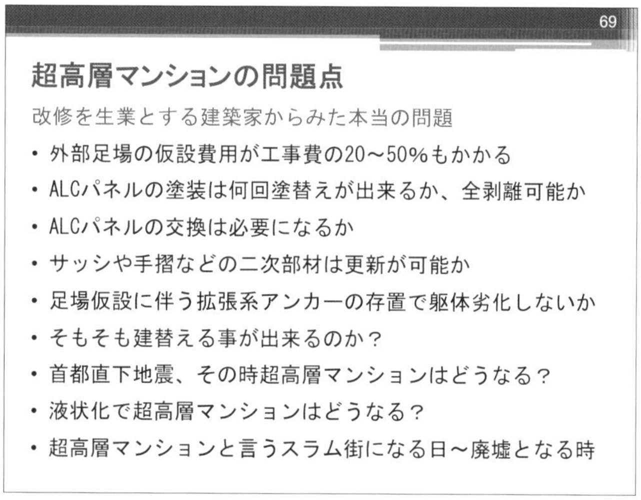

図69　超高層マンションの問題点

　私のように改修を生業とする建築家から見たこの問題というのは、本当にこの足場の仮設の工事費がすごくかかるということです。ALCパネルの塗装も何回塗り替えができるか。果たして全剥離が可能なのかとか、将来的にこのALCパネルを交換しなければいけないことが起こるかというようなこと。サッシや手摺など二次部材の更新は可能かどうか、また足場仮設に伴うアンカーを打つことが躯体劣化に影響しないか、何回打てるか、建物形状によってはアンカーを打てる場所が限られていますのでね。そもそも建て替えることっていうのは将来的にできるのかどうか、というようなお

話も当然出てきます。首都直下地震なんていうことも想定されています。その時に超高層マンションはどうなるんだろう。液状化なんていうものが起こったときに、設備系は大丈夫なのか建物自体はどうなるのか、こういうことが実際にはまだわからないことです。この超高層マンションというのは積立金が足らないという事態がずっと継続してしまうと、今現在郊外や地方の一部の中高層のマンションで起こっているような、管理不全を起こしスラム化するといったことが果たして超高層マンションで起こったらどうなるのか。超高層の廃虚ができてしまうのではないかというようなことを私は実は懸念しています。

それでも、「適切な維持管理と計画修繕、良好なコミュニティの形成が出来ていれば、鉄筋コンクリートの建物は本来なら200年でも維持管理は可能！」と私は思っています。ですので、そういうことが起こらないように適切な維持管理、計画修繕、良好なコミュニティ形成によって、長く建物を持たせるということを前提に考えていただきたい。

図70　超高層マンションへの提言

それで、私から最後にお話しできることは提言的なことになるのですが、まず外壁にタイルを張ることを止めた方がいいと思っています。タイルというのはどうしても破損したり、落下したりと色々なことが起こるものですから、直さなきゃいけないなんていうことが起こる。こういうものは規制しなきゃいけない、そういうことがあり得るのではないかと考えています。タイルが落下するというのは非常に危険です。ですから、タイルを張ること自体を私は止めたほうがいいと思っています。

また、設備系の修繕を想定した、修繕しやすい建物の設計をしてほしいと思っています。パイプシャフトの広さであるとか、排水管が部屋の中ではなくて共用部分から直せるように設計するとか、修繕することを想定した設計をしてほしい。修繕することを想定して建物を造ってほしいということです。

新規建材を使うのであれば、その補修材も合わせて開発していただかないと、直す時に何を使ったらいいのかわからないということが実際にあります。また見た目優先、豪華さ優先のデザイン、過剰な設備計画、これはもちろん売るためにそういうものがメリットになることは重々承知しているのですが、直すのにはこういうものは実は非常にお金がかかるということをご理解をいただきたい。また防災計画も今超高層マンションにおいて非常に重要です。先般どこかのマンションで水害によっていろいろ被害を被ったマンションがありました。地震による被害もこの先想定されます。防災計画であるとか避難計画とか、水害対策とか色々なことを考えなくてはいけない。防災に対しての計画というのはこれから超高層マンションにおいては特に注意しなくてはいけないところであると私は考えています。

またデベロッパーが新築時から60年設備機器類の更新も含めた長期修繕計画を作る、そして途中でマイナスにならないような修繕積立金の設定をしてほしい。これは本当に心からこう思うところです。これを管理組合に丸投げするというのは、あまりにも管理組合にとっては重荷になることだと私は考えています。施工する方も納期よりもまずはちゃんとした施工を適切な仕様でやっていただきたいというのもあります。そうしないと本当に修繕の時に直さなくてはいけないものが通常以上に多くなるというのが実態としてあります。ですので、こういったことを提言としてさせていただいて私のお話は以上となります。ご静聴ありがとうございました。

超高層マンションの大規模修繕に関してのお話でございました。色々超高層マンションに住んでいらっしゃる皆さんには大変なことではあると思うのですが、そういったことを考えた上で長期修繕計画を組んだり、大規模修繕を行っていただいて、建物を長期に渡って快適に使い続けていただけたらと思っております。

リフォーム＆リニューアル成功事例

大規模修繕工事
センチュリーつくばみらい平外装主体大規模修繕工事

◆建物の特徴と工事の特殊性

　このマンションは、つくばエクスプレス線みらい平駅前に位置する、茨城県内でもひときわ大きく目立つマンションです。みらい平地区は、県の主導により「住む、働く、学ぶ、憩う」といった様々なニーズに応え、住宅と商業・業務施設が複合した新市街地となることを目指して開発されたエリアです。マンションは駅前のショッピングセンターに直結し、都内まではつくばエクスプレスで約40分という好立地にありながら、南側には美しい田園風景が広がり、豊かな自然との調和にも成功しています。

　このマンション最大の特徴は、1階部分が免震構造になっているという点です。この免震構造の建物に対して、ゴンドラではなく地上から足場を組み立てて工事を行いました。この点が特に評価され、一般社団法人マンション計画修繕施工協会が主催する「第11回マンションクリエイティブリフォーム賞」を受賞しております。今後ますます増加するであろう免震建物の改修工事に関して、水平展開される事例となることが期待されています。

■物件概要

所 在 地：茨城県つくばみらい市陽光台
築　　年：2007年3月 築14年（2021年現在）
構造・規模：住棟：RC造3棟 18階建て 660戸
　　　　　　共用棟：RC造1棟 2階建て 店舗4戸
　　　　　　駐車場棟：S造1棟 4階建て
工事監理者：一級建築士事務所 株式会社ジャトル
施 工 者：建装工業株式会社
工　　期：2019年9月～2020年12月（16か月間）

◆評価された取り組み事例

評価ポイント①

　免震構造であることから、地震の際には建物が地面とは異なる動きをします。そのため、地上から足場を組み立てた状態で地震が起きてしまった場合、地面に対して建物が大きく移動する動きに、足場が耐えることができません。一般的には、地面と足場が接触しないよう、屋上からゴンドラを吊り下げて工事を行うことが想定されますが、ゴンドラによる移動には時間がかかるため、作業効率の低下や長い工期を要するといった懸念があります。そこで今回の工事では、免震構造に耐えうる工夫をしながら、全面足場組立による直接仮設計画を採用することとしました。

写真1　足場の地上部分の様子

写真2　足場の2階部分の様子

地上部分では、300㎜角のH形鋼を設置して地面と一体にさせ、その上に足場を設置しました。足場ジャッキベースとH形鋼の間には、塩ビ製平板を設置し、地震時の足場の挙動による摩擦をできるだけ軽減しました。

　また、18階建ての建物に枠組み足場を組み立てると、段数は約30段となり足場の組立高さの上限である45mを超える高さとなります。この問題を解決するために、方杖パイプ3本を適切な箇所に設置しました。また、建物2階天井の構造体部分を、ワイヤーチェーンで足場とつなぐことにより、足場脚部への荷重分散を行いました。これらを構造計算と合わせて行うことで、免震構造地上18階建ての建物に、全面足場を架けることが出来ました。

評価ポイント②

　屋上は、新築当時から外断熱仕様となっていましたが、今回の工事を迎える頃にはこの断熱材が浮いてしまい、屋上の防水層には亀裂やしわが多く発生してしまっていました。これは、既存の断熱材の貼り方が、芋貼り（縦横ともに直線となるように目地を通した貼り方）となっていたこと、貼り付けのボンドの量が少なかったことが原因でした。そこで今回の防水工事では、新しい断熱材を馬張り（縦の目地は通すが横の目地は半分ずつずれるように貼る貼り方）とし、接着剤とアンカー・ディスクによる機械的な固定方法（画鋲を刺して上から押さえつけるイメージ）を併用することでこれを解消しました。また、既存断熱材・防水層は撤去せずに上から新しい断熱材・防水材を被せることで、全面撤去工法と比較して費用を約半分に圧縮することができました。廃棄物は2,870㎥、4t車約19台分の削減となり、環境にも配慮できた結果となりました。

写真3　工事前の屋上の様子

写真4　ディスクによる固定の様子

評価ポイント③

　マンションの大規模修繕工事では、施工者から居住者に対して工事に関する紙のお知らせが頻繁に配布されることが一般的です。今回の工事では、各戸にあるテレビで工事に関するお知らせを閲覧できるシステム『KENSO-TV』を導入し、返答を要するアンケートや個別の内容のお知らせを除いて、紙によるお知らせは配布しないこととしました。これにより、居住者の方々は、自宅のテレビやスマートフォン、エントランスとエレベーター内に掲示されたお知らせによって、工事に関する情報を得ることとなりました。管理組合との協議やテレビの設定方法の説明は必要でしたが、結果的にはコピー用紙約5万枚の利用削減、お知らせの印刷・配布時間の削減につながりました。工事終了後に行った居住者に対するアンケートでも、環境に配慮した良い取組みとのことで、高い評価を得ました。また、従業員にとっても働き方改革の一助となりました。

お問合せ先

 建装工業

〒105-0003　東京都港区西新橋3-11-1
TEL：03-3433-0501
FAX：03-3433-0505

KENSO Magazine
マンションライフの未来を考える

https://www.kenso.co.jp/magazine/

マンションの大規模修繕工事事例
グランドメゾン東戸塚マンション

【マンションの特徴】

●グローブスクエア東戸塚は53,000㎡の広大な敷地と高低差を活かした眺望の良い丘に立地し、自然林を多く残した緑豊かなランドスケープが特徴のマンションです。カフェラウンジ、ログハウス、ゲストルーム、ライブラリー、ミニショップ等の共用施設が充実しており、居住者様の憩いの場となっています。

●居住者様の約2割は、小学生以下のお子様家族構成住戸です。マンションの広大な敷地では日々、お子様達が遊んでいます。危険が伴う大規模修繕工事を理解してもらう為、小学生・幼児を対象とした『こども説明会』を開催しました。

●大規模修繕工事とは何か、安全・品質とは何か、そんな疑問について、施工体験【シーリング・タイル・塗装】を含んだプログラムを構成し、楽しみながら大規模修繕工事への理解を深めていただきました。

■物件概要
```
所 在 地：神奈川県横浜市戸塚区前田町214－1
構造規模：RC造 地上13階　10棟　743戸
竣　　工：2008年6月（築11年）
```

戸上所長

好評だった！大規模修繕工事　こども説明会

【工事概要】

①共通仮設計画

●本工事では、敷地内の高低差に合わせた施工エリアを大きく3つに分け、工事範囲を絞る計画としました。施工エリアごとに資材倉庫、仮設トイレ等を設置することで居住者様と作業員の接点を少なくし、住環境への影響を軽減しました。

②現場管理方法

●3つに分けた施工エリア内の各棟に担当者を決めて現場管理を行いました。各棟の担当者は、工程管理・安全管理・品質管理・検査・お知らせ配布、及び居住者様対応を行い、規模の大きい現場でも全ての棟に管理が行き届くよう工夫をしました。

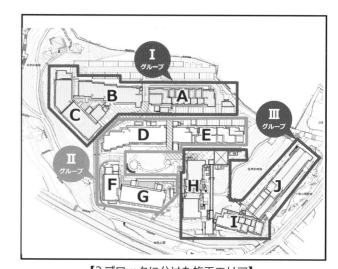
【3ブロックに分けた施工エリア】

●コロナ禍の影響で1ヵ月間の休工をしましたが、工期延長を避けることができたのは、各棟の担当者を決めたことにより綿密な打合せができ、全所員が工程を把握できたことが要因です。

③直接仮設計画

●資材運搬計画

　高低差（約25ｍ以上）のある敷地内は経路が狭く、又、傾斜地の中、資材は人力による小運搬が多くなります。そこで、 高い位置にある棟から低い位置にある建物の順に工事を着手することにより、居住者様と作業員の動線区画を明確にすると共に、資材の運搬距離を短くし、効率の良い運搬計画を立てることができました。

●車路・歩道を確保した直接仮設計画

　隣接している棟の幅員が非常に狭く、車道・歩道の確保が重要でした。そこで、通常の車輌・歩行者の通行の安全性を確保し、居住者様の負担を軽減した上で、ゴンドラの設置をしました。

A棟・B棟間ゴンドラ状況

共用EV棟空中参道

D棟・E棟仮設足場状況

【改良工事・その他工事】

①エアコン室外機 冷媒管延長個別対応工事

●エアコン室外機は工事に伴い移動が必須となりますが、全戸、隠蔽配管で施工されており、約1600台の室外機冷媒管延長を居住者様と個別対応工事にて対応を行い、円滑に工事を進めました。

②各所エントランス砂岩タイル改修工事

●仮設足場解体後に、各所エントランスの砂岩壁を大判タイルに交換する張替・更新工事を行いました。

●約5箇所（約380㎡）の各エントランス内・外での騒音及び粉塵飛散対策に重点を置き、特にメインエントランスのエレベーターホール内は所員・誘導員の最重要ポイントとして現場管理を行い、無事に完成いたしました。

③外構階段整備

●J棟からA棟間への外構階段の整備の実施。既存は砂利敷き。改修はメッシュ入りコンクリートにて打設し排水処理（グレーチング桝・排水管新設・土留め）を仮設足場解体後に実施。施工後は歩き易い通行帯となり、居住者様から好評でした。

B棟エントランス

I棟内部通路

外構階段整備

お問合せ先

 株式会社 長谷工 リフォーム
HASEKO 本社・東京支社

〒105-0014　東京都港区芝二丁目6番1号
0120-04-4152
https://www.haseko.co.jp/hrf/

マンションの大規模修繕工事事例

妙蓮寺ハウス

塩川所長

【大規模修繕工事の特徴】

- 1971年に竣工した妙蓮寺ハウスは、特殊な納まりがある建物で手摺更新やエントランスの一部更新、インターロッキング更新を行いました。

- 手摺の更新では、既存のバットレス付きスチール手摺を見付に支持する方法を採用。既存コンクリートは反発度法による圧縮強度試験をコンクリート診断士が実施し、後施工の接着系アンカーは引張強度の確認をして技術的な根拠を確認しました。

- 結果的に既存のバルコニーより有効幅を広く確保できる手摺の取付方法の提案ができました。

- エントランスの一部改修やインターロッキングの改修は、製品の耐用年数が過ぎている状態でしたので、管理組合様と協議し更新工事を行いました。

【工事内容】

- 下地補修工事：コニシ㈱、アルファ工業㈱、日本化成㈱
- シーリング工事：サンスター技研㈱：ペンギンシール PU9000type NB
- 外壁塗装工事：エスケー化研㈱：超耐久低汚染型水性セラミックシリコン樹脂
  　　　　　　エスケー化研㈱：水性反応硬化形透湿性仕上塗料
- 鉄部塗装工事：エスケー化研㈱：二液弱溶剤型エポキシ樹脂系錆止
  　　　　　　エスケー化研㈱：超低汚染型ターペン系NADアクリルウレタン樹脂
- 防水工事：AGCポリマー建材㈱：ウレタン塗膜防水密着工法
- 手摺更新工事：三協立山㈱　三協アルミ社 関東ビル建材支店：ラテラルフィット
- エントランス改修工事：市瀬建設㈱
- 郵便受け改修工事：田島メタルワーク㈱MX-20

■物件概要

所 在 地	神奈川県横浜市港北区
構造規模	SRC造11階　総戸数196戸 A棟128戸　B棟68戸
竣 工	1971年10月
元 施 工	鹿島建設株式会社

【工事の特徴】

【バルコニー側外観】

- バルコニーの外観は、新しい手摺がまず目に飛び込みます。特にガラス手摺（合わせガラスt=3.0㎜）の青い色が綺麗に見えます。
- 手摺支柱を近くから見上げると支柱間隔が細かく印象的です。また、足場の倒壊防止で設置した壁つなぎアンカー補修跡も目立なく工事を完了しました。

【開放廊下側外観】

- 開放廊下はコンクリート手摺であり、途中で突出した部分のテクスチャーが目を引きます。開放廊下の手摺立上天端は塗膜防水を行い、表面を平滑に仕上げました。実施した塗膜防水の流れや波も生じることがなく、施工ができました。壁面色も艶良く色彩も外壁に合ったものとなりました。
- 鉄骨階段は錆の進行が進んだ状態でした。このため、リン酸を成分とする「ラストスイパー」を錆止め前に使用し、錆を安定させた状態で塗装工事を行いました。鉄骨階段が塗装されたことで更新感がある外観となりました。

【改良工事・その他工事等】

- エントランス庇を改修しました。建築基準法を確認し既存鉄骨を生かした改修提案を行いました。品質のポイントとして、鉄骨や取り合い接合部を再利用するため充分に防錆対策を行いました。
- 敷地内のインターロッキングが玄関前に約200㎡ありましたが、工事契約時は工事対象外でした。現場巡視時に雨が直接かかる部分の著しい表面劣化を確認し、耐用年数と期待耐用年数について説明をして管理組合様と協議を重ねた結果、インターロッキングの全面更新を実施いたしました。

【妙蓮ハウス 石原理事長様から】

- 妙蓮寺ハウス令和二年度理事長の石原です。この度は妙蓮寺ハウス大規模修繕にてお世話になりました。工事期間中は真剣に私共管理組合に向き合い、要求事項について真摯に対応して下さりありがとうございました。管理組合の理事にはスーパーゼネコンOBも在籍する中、納得できる説明とコストに対する根拠など明確に提示してもらえたことで、発注者と施工会社が良好な関係で工事を進めることができた理由のひとつと感じています。
- 工事には引き渡し後のアフター点検がつきものになります。今後期待しています。関係者の皆様、お体を大切に良い日々をお過ごしくださいませ。皆様のご健勝をお祈りしております。

妙蓮ハウス　石原理事長様

お問合せ先

 株式会社 長谷工 リフォーム
HASEKO　本社・東京支社

〒105-0014　東京都港区芝二丁目6番1号
0120-04-4152
https://www.haseko.co.jp/hrf/

大規模修繕工事
鳶尾第二住宅 アルミサッシ大規模修繕工事

■はじめに

　築40余年を経過するとマンションの各所で老朽化による修繕が必要となってきます。当管理組合でも修繕計画を作成しアルミサッシ改修もその中に入っていました。しかし、修繕積立金が潤沢ではない中で、一部の住民からは「アルミサッシ改修は、やるに越したことはないが生活にそんなに困ることでもない」という意見が出ていました。

　それまでにあった窓の不具合報告は戸車の開閉操作が重たいなどの意見が多少あった程度で、また一部住民は個別に改修を実施するなどの対応もあり、アルミサッシ改修の要望は多くありませんでした。

　そのような状況において住民の意見を取りまとめてアルミサッシ改修を行った経緯と、改修後の感想についてご紹介致します。(2019年に工事を行った事例紹介となります。)

■発揮された知見

　鳶尾第二住宅の理事長は、多くのマンション管理のNPOに参加し（日住協では監事を任務）、また各種業界団体が実施するセミナーにも参加して、熱中症は屋外よりも室内で多く発生していることや、ヒートショックの脅威など住居環境が健康状態に与える影響を理解しておりました。

　その知見を基に窓断熱の重要性を管理組合にフィードバックすることで、アルミサッシ大規模修繕工事実現に向けて基盤をつくりを進めました。中でも合意形成に大いに役に立ったのは補助金活用の提案でした。

■環境省補助金：断熱リノベの活用

　正式名称は「平成31年度 高性能建材による住宅の断熱リフォーム支援事業（断熱リノベ）」です。

　国が実施する補助事業で、補助対象経費の1/3という大きな補助金額が現金で交付されるため、慢性的な修繕積立金不足に悩む管理組合にとって非常に有効な事業です。

　一方で申請のハードルが高く、申請スケジュールもタイトであることから、詳しい補助金公募要領が発表される前に、前年度の要領を参考にして予め合意形成の準備を行うことが重要です。

　今回は、前述した理事長の補助金に関する豊富な知見があったからこそ、このような準備を行うことができました。

■物件概要

所 在 地：神奈川県厚木市鳶尾
住 戸 数：10棟 250戸
竣　　 工：1977年
工事期間：2019年8月~2019年12月
施　　 工：株式会社 LIXIL リニューアル

■補助金公募要領（一部抜粋）

①	原則、当該集合住宅の全戸を改修（換気小窓、ジャロジー窓などは対象外）
②	改修住戸は所有者自身が常時居住する住戸　常時居住でない住戸や賃貸住宅等は補助対象外　同一人物が複数住戸を所有している場合は、常時居住する1住戸のみ補助対象
③	対象となる改修について、当該集合住宅の管理組合総会等での承認決議を得ること
④	窓改修工事には高断熱性能を有する登録商品を使用すること
⑤	交付申請をして採択通知受領後に工事契約を行うこと
⑥	改修工法、断熱性能（グレード）ごと設定された補助単価で住戸毎に補助対象経費を算出し1/3を補助（ただし15万円/戸の上限額あり）

■『アルミサッシ改修をして良くなったこと』

　改修計画段階では既に個人で窓改修を行った住民からの反対意見が一部あったので、補助金公募条件が「高性能建材を使用した全戸全窓改修」であることを説明して了解を得ました。最終的には高断熱仕様のサッシにして良かったと、多くの称賛の声をいただいております。

住民の 声（断熱性について）

改修前の冬は23時に就寝するとき暖房を切りますが、朝7時に起きると室温の体感は1桁でした。
今は真冬でも起床時に14度くらいあることに感激しています。暖房費も安くなりました。また、夏の冷房時はエアコンをつけると、すぐに室内が冷えるようになりました。

住民の 声（室内の雰囲気について）

カバー改修は多少ガラス面が狭くなると聞いたことがありますが、そのような感じは全くしませんでした。
これまではサッシのガラス部分に中桟の下側がくもりガラスだったのですが、改修後は中桟がなくなって一枚の透明ガラスになったことで逆に広々した感じがしてとても良かったです。

住民の 声（安心度合について）

改修前は台風のとき窓全体がガタガタ震えてとても心配でしたが、改修後は大型台風がきてもサッシのガタつきは気にならず安心でした。

改修前

改修後

■今回のアルミサッシ改修工事に採用した『PRO－SE・RF（プローゼ アールエフ）』の紹介

　「いつの時代の、どのサッシでも改修できます」をコンセプトにつくられたカバー改修専用サッシです。
　カバー改修とは今までお使いのサッシを撤去せずに、その上に新しいサッシを被せる改修工法です。撤去工事がなく工事は短時間で行えるので、転居を伴わずに居ながら改修ができます。
　また、カバーをしても開口部の狭まりが最小限になるように実測調査をして最適な納まりを検討致します。

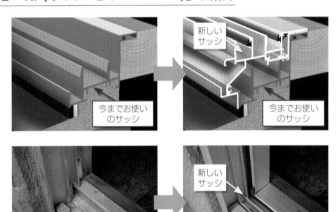

■おわりに

　今回の取材に協力を頂いた鳶尾第二住宅の理事長に、今回の改修工事を振り返って、今後アルミサッシ改修を検討されている方にお伝えしたいことを尋ねたところ、以下のように回答いただきましたのでご紹介します。
『改修前は様々な意見がありましたが、改修後はみんなに新しいサッシになって良かったと感謝されております。どこの団地でも高齢の住民が増えていると思いますが、今までの古いサッシのまま熱中症やヒートショックに耐えるのは大変です。やはり健康であることが第一だと考え、できるだけ早くサッシ改修を行った方がいいと思います。』

お問合せ先

 株式会社 LIXIL
〒136-8535　東京都江東区大島2－1－1
mail　birukaiso@lixil.com
https://www.lixil.co.jp/

LIXIL リニューアル　株式会社 LIXILリニューアル
〒136-8535　東京都江東区大島2－1－1
TEL：03-6748-3987
https://www.lixil-renewal.co.jp/

マンションの大規模修繕工事事例

MAISON-PAL大規模修繕工事

荒上所長

【大規模修繕工事の特徴】

● 本案件は、阪急塚口駅徒歩5分程の近隣商業地域に立地し、建物周辺は共同住宅や店舗ビルに囲まれて、外部から建物全景を見ることが出来ないほどの密集地にある共同住宅です。

● 敷地境界も余裕がなく、仮設足場の組立解体時の資材搬出入や仮置き、運搬導線には大変苦慮しました。

● 更に、1階に店舗があり、店舗の前にはバス停もあるため、昼間は、常に周辺に人通りが絶えない案件です。

■物件概要

所 在 地：兵庫県尼崎市塚口町
構造規模：RC造　地上8階地下1階
　　　　　　20戸+店舗
竣　　工：1991年（築30年）

【仮設計画】

● 敷地の関係で、外部足場組立・解体時には台車に乗せた仮設資材運搬を、一般公道上に小運搬せざるをえない状況のため、台車の前後に警備員を配置し、第三者や一般車両との接触災害が発生しないよう細心の注意を払い、作業を進めました。

● 当初の計画では、建物東面（店舗出入口面）にはゴンドラを仮設する計画でしたが、昼間は人通りが絶えないため第三者災害防止の観点から管理組合様にご相談し、スカイマスターを使用した夜間作業に変更いたしました。

● この夜間作業に変更したことにより、作業員の人件費は増加しましたが仮設費用が減額でき、また、第三者災害へのリスクも低減する事ができました。

● この、節約した仮設費用を他の工事費として使用する事ができ、管理組合様からも喜んでいただきました。

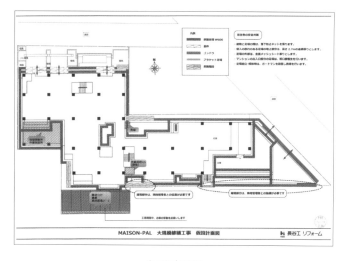

仮設計画図

夜間作業状況

【居住者ニーズの的確な提案と実行を心掛け】

エントランス木製扉塗替え

● 本マンションのエントランス扉は、重厚感がある木製扉で、管理組合様より新築当時は、無垢で自然な風合いがあり非常に良かったとのお話がありました。

● ところが、前回の大規模修繕工事の際、ウレタン塗装をしてしまったために、木質の自然な風合いが損なわれて、皆がっかりしていると伺いました。そこで、なんとか自然な風合いを取り戻す事が出来ないか相談を受け、塗膜の全剥離を行いWP塗りで仕上げる事をご提案させていただきました。

● WP塗りにした事で、木そのものが持つ自然な風合いが蘇り、大変喜んでいただく事が出来ました。

エントランス扉施工前　　　　　　　　エントランス扉施工後（オスモカラー塗り）

専有部・共用部への漏水対策

● 専有部や共用部への漏水について、管理組合様より相談を受けました。漏水調査の専門家に調査していただくことをご提案し、その結果を受けて漏水補修工事を実施したことで、居住者様の不安解消に繋げる事ができました。

漏水の原因

● アルミ製建具出隅部コーナーパネルとタイル取合い部が突きつけとなっており、三角シールのみの止水処理となっていました。このシール部より雨水が浸入し、専有部天井へ漏水が発生していました。

漏水対策補修

● アルミ製建具出隅部コーナーパネルとタイル取合い部にシーリング目地を設けたSUS製の水切りを新設し、また、シーリングは2重シーリングとして打設しました。

漏水箇所特定状況　　　　　　　　　　漏水対策補修施工状況

お問合せ先

HASEKO　株式会社 長谷工 リフォーム
関西支社

〒540-0026　大阪府大阪市中央区内本町二丁目4番7号
0120-04-4152
https://www.haseko.co.jp/hrf/reform

マンションの大規模修繕工事事例
グレンパーク梅田北大規模修繕工事

【工事の特徴】

- 本建物は、大阪の中心部の梅田に近い立地に建てられており、今回、法人様から工事を受注いただいた賃貸マンションです。
- 敷地内は大変狭く、足場設置の際、仮設資材置き場が無く、道路使用許可を取得して、前面道路・歩道を有効活用いたしました。
- 歩行者・自転車も多く区画・誘導には細心の注意を払い、居住者へは迂回経路を設定し安全通路の確保を実施いたしました。
- 1階には保育所がありますので、保育園の主任先生と密に連絡をとりながら、危険回避に努めました。
- 新規入場者教育では、ユニック荷下ろしの際の吊り荷の下には、絶対に歩行者・自転車を通さないこと、安全が確認された後に道路を開放すること等を教育し徹底をさせました。

川合所長

■物件概要

所 在 地：大阪市北区中崎3丁目4番22号
構造規模：RC造　地上15階建　182戸
竣　　工：2007年8月

▲北面全景　　　　　　　　東面全景▼

【工事概要】

1. 共通仮設工事：マンション集会室を利用し現場事務所・詰所・倉庫、仮設電気、仮設水道設備の対応
2. 直接仮設工事：ゴンドラと外部足場（システム足場）の設置
3. 下地補修工事：塗膜浮き補修、塗装面のひび割れ補修、コンクリートの欠損・爆裂補修、タイル面浮きの貼替とエポキシ樹脂注入
4. シーリング工事：外壁打ち継ぎ、タイル伸縮目地、サッシ廻り
5. 外壁塗装工事：バルコニー、共用廊下の壁・天井等の塗装
6. 鉄部塗装工事：竪樋、隔て板、放水口BOX等の鉄部塗装
7. 防　水　工　事：バルコニー側溝巾木 ウレタン防水工事（密着工法）2・3階庇天端　ウレタン防水（密着メッシュ工法）

グレンパーク梅田北
仮設計画

仮説計画図▶

足場設置後全景

仮説資材置場状況

道路からの資材搬入

【品質対策】

● 品質対策は仕様書・施工要領書に準ずるのはもちろんの事、各種試験施工を実施して、品質確保の確認を行い、塗装に関しては中塗りの色替えを行い、工程検査の際の塗装不備の洗い出しも明確に実施できました。

● コロナ対策のため、現場事務所にはマスク及びフェイスガード・手指消毒液を常備し、使用するよう徹底指示し、現場事務所内にはアクリルパネルを設置して、対面飛沫防止処置を施しました。さらに、窓を定期的

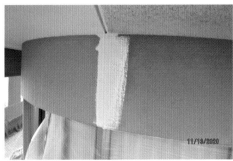
中塗色　色替え

外壁試験塗装

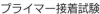
プライマー接着試験

シーリングひも状接着試験

に開放し常時換気運転するなど空気を入れ替え、作業員の休憩は、各社の通勤車両内で行うこととして、"人の密"を徹底的に回避。コロナ感染発生者0に力を注ぎました。

● 本マンションは施工前の段階から外壁タイルの剥落が発生しており、多くの箇所でタイルの浮きが確認されました。原因は新築工事の際にコンクリートの目荒しが行われていないことでした。このため、エポキシ樹脂の注入を通常の25穴/㎡から50穴/㎡に増やすこととし、タイルの浮き補修を徹底的に行いました。

● これにより、工事施工数量が大幅に増え追加工事となりましたが、施主様も十分必要な工事だと認識いただき、問題なく工事を完了することができました。

タイル剥離状況

タイル打診

タイル浮き状況

エポキシ注入状況

お問合せ先

株式会社 長谷工 リフォーム
関西支社

〒540-0026　大阪府大阪市中央区内本町二丁目4番7号
0120-04-4152
https://www.haseko.co.jp/hrf/reform

大規模修繕工事
花見川住宅アルミサッシ大規模修繕工事

■はじめに

　　旧日本住宅公団によって建設された花見川団地は、分譲・賃貸住宅を合わせた総住戸数が7,291戸あり竣工当時は東洋一の規模と言われた団地です。

　　花見川住宅は花見川団地内の分譲エリアの6街区・7街区で構成され合計戸数は1,530戸となります。この場所は花見川団地のほぼ中央に位置し、すぐ隣には図書館もある中央公園があり、商店街には陸橋でダイレクトにアクセス可能で、更に周辺には学校や病院などの施設も整っている好環境の団地です。

　　昭和40年代の団地と言えば時代の最先端であり、団地全体も活況を呈しておりましたが、時代とともに団地を取り巻く環境も大きく様変わりして、新たな生活様式が求められてきております。また同様に永く安心して住み続けるために、住環境の改善も不可欠な課題として注目を集めており、そのような状況において多くの住民から『アルミサッシ』に対して使い勝手の困りごとが聞かれるようになりました。

　　今回の寄稿にあたりインタビューさせて頂いた花見川住宅 理事長は、長年にわたり花見川住宅の管理主任を行ってこられた方で、住民からの生声を多く聞いてきた経験から築50年を経過した今、アルミサッシの困りごとは喫緊の課題で窓改修実施は住民の総意でもあるとの確信をもって住民総会に提案し、1,530戸のアルミサッシ大規模修繕工事が実施されることになりました。

　　今回、私どもLIXILリニューアルはこの大事業に参加させて頂きましたので、その施工事例についてご紹介させていただきます。

■物件概要

所 在 地：千葉県千葉市花見川区
住 戸 数：6街区　640戸
　　　　　　7街区　890戸
竣　　　工：1968年　9月
施　　　工：株式会社 LIXIL リニューアル

■コロナ禍でも、安心安全に工事を進めるために

　　工事着工に向けて準備を進めていた令和2年3月は、世界的に感染者数急増による都市ロックダウンのニュースが流れ、国内においても東京オリンピック延期決定や著名芸能人の死去などのニュースもあり、新型コロナウィルスに対して急激に不安が高まった時期でありました。

　　私ども工事をする側にとっても経験のない事態で、どうすれば住民の皆様にとって安全安心に工事が進めらるか検討を行い、「サッシ工事における新型コロナウィルスの対応について」を作り出しました。

　　特に徹底したのは、作業員の健康管理とその見える化です。コロナ禍での工事の不安を少しでも和らげるため最も効果があったのは地道な活動を真面目に行うという、とてもシンプルな姿勢でした。

■ アルミサッシの困りごと

　住民から寄せられた声にはアルミサッシの操作性に関係するものが多かったそうです。戸車劣化で障子の動きが悪くなると次第に下枠レールが削れていき、ついには障子が外れることもあったと聞きました。
　またクレセントの掛かりが悪くなると隙間から外気や騒音が入り込み、台風などの強風時にはアルミサッシ全体が大きく揺れて怖い思いをしたこともあると聞きました。

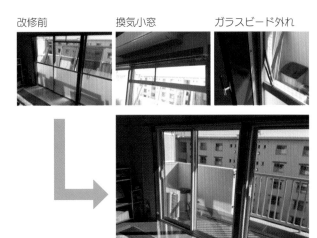

改修前　　換気小窓　　ガラスビード外れ

改修後

■ アルミサッシ改修をして良くなったこと

　今回の改修によって良くなったことは、操作性の改善だけではなく、断熱性の高さによってお部屋がとても暖かくなったことと、遮音性の高さでお部屋がとても静かになったこと、そしてこれまでの中桟が無くなったことで眺望性が良くなり、改修前に比べて窓が大きくなった感じがするなど様々な点で改善効果を実感できてとても満足しているとのご意見を頂きました。

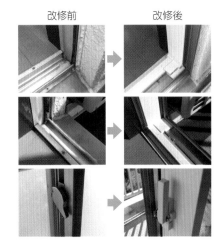

改修前　　　　　改修後

■ 今回のアルミサッシ改修工事に採用した
『SAMOS-H RF（サーモス エイチ アールエフ）』の紹介

　耐候性と強度を持つアルミニウムと断熱効果が高い樹脂を組み合わせたハイブリッドサッシが、カバー改修専用サッシ『SAMOS－H　RF』です。断熱性の高い複層ガラスの採用だけでなく、窓フレーム内側を樹脂部材にすることと、従来よりも細くすることによって窓全体の断熱性能をより一層高めた高断熱サッシです。また窓フレームが細くなったことで眺望性も改善されたハイグレードサッシです。

樹脂部材

アルミ部材

既存枠

SAMOS-H RF（サーモス エイチ アールエフ）

■ 補助金活用で消防署から褒められたエピソード

　管理組合は今回の工事で国土交通省の次世代住宅ポイント制度の申請をして、その制度によって得たポイントで多くの防災用品を購入しました。管理組合が行った防災訓練に参加した消防署の方が防災備品の充実ぶりをみて感心され褒められたとのことです。来るべく災害に備える防災備品の更なる充実について必要性を感じながらも、なかなか実現できなかったことが今回の工事によって整えることができたことは、とてもよても良かったと理事長は振り返ります。
　弊社としてもアルミサッシの改修効果提案と合わせて、国の補助制度の情報発信も積極的に行い、管理組合の資産向上に貢献できるように活動を進めて参ります。

お問合せ先

LIXIL 株式会社 LIXIL
〒136-8535　東京都江東区大島2-1-1
mail　birukaiso@lixil.com
http://www.lixil.co.jp/

LIXILリニューアル 株式会社 LIXILリニューアル
〒110-0015　東京都台東区東上野6-9-3住友不動産上野ビル8号館
TEL:03-3842-7124㈹　FAX:03-3842-7250
https://www.lixil-renewal.co.jp/

団地型大規模マンションの耐震改修・外断熱改修・大規模修繕工事

鶴川6丁目団地耐震補強工事・大規模修繕工事

◆建物の特徴と工事の特殊性

　この工事は、高経年の大規模団地再生プロジェクトとして実施されました。管理組合が建替えは困難という判断を下した上で、質の高い住環境の整備を図るという方針を定め、総合的な改修工事を行いました。工事内容は、①新耐震基準に適合するための耐震改修工事、②外壁や外装の劣化対策としての大規模修繕工事、③省エネ対策としての外断熱工事・玄関扉更新工事の3つです。町田市の耐震化事業助成制度（以下、「助成金」という）および長期優良住宅化リフォーム推進事業補助金（以下、「補助金」という）を活用するため、2018年度の一期工事、2019年度の二期工事それぞれで、工期厳守が重要となる工事でした。工事全般にわたる総合的な施工計画立案とその遵守が評価され、一般社団法人マンション計画修繕施工協会が主催する「第11回マンションクリエイティブリフォーム賞」を受賞しております。今後、高経年マンションにその再生を目指した積極的な総合改修工事への取り組みが見込まれる中で、それらに先立つ事例となりました。

◆評価された取組み事例

評価ポイント①

　1棟の耐震補強工事には2〜3ヵ月を要するため、居住者が住まわれた状態であるということを考慮し、南バルコニー面以外の箇所で耐震補強工事を行う計画としました。30棟を構造や建物タイプにより分類し、北面または妻面で耐震補強工事を行うこととしました。一期工事が2018年9月スタートとなり、年度末まで7ヵ月となったため、一期工事では比較的工期の短い「壁の増し打ち工法」を重点的に行う計画とし、その後の大規模修繕工事にできるだけ早く移行できるようにしました。

※写真赤点線部が耐震施工補強部位です。

■物件概要

所在地：東京都町田市鶴川
築　年：1968年5月 築53年（2021年現在）
構造・規模：住棟：RC造30棟 5階建て 780戸
　　　　　　　管理事務所・集会棟：RC造2棟 平屋建て
工事監理者：大規模修繕工事：㈱三衛建築設計事務所一級建築士事務所
　　　　　　　耐震補強工事：㈱耐震設計
施工者：建装工業株式会社
工　期：2018年9月〜2020年3月（19か月間）

タイプ名	Aタイプ	Bタイプ	Cタイプ	Dタイプ	Eタイプ
構造	RCラーメン構造	RCラーメン構造	RCラーメン構造	RC壁式構造	RC壁式構造
階段室	外壁より出ている	外壁より出ている			
サービスバルコニー	北面			妻面	
棟数	3棟	6棟	6棟	8棟	7棟

耐震箇所	北面	北面	両妻面	
工法	デザインリフレーム工法＋耐震スリット工法	サイド・ポ・スト工法＋耐震スリット工法	壁の増し打ち工法	
一期工事	2棟	3棟	9棟	
二期工事	7棟	3棟	6棟	
必要日数	80日	65日	50日	

A・Bタイプ北面

Cタイプ北面

Dタイプ北面

A・Bタイプ施工後の様子

Cタイプ施工後の様子

Dタイプ施工後の様子

A・Bタイプ耐震施工部

Cタイプ耐震施工部

Dタイプ耐震施工部

評価ポイント②

　全戸のサッシ改修工事は2013年に実施済だったので、今回の工事では省エネルギー対策を主体とした外断熱工事、玄関扉更新工事を実施しました。外断熱工事では、断熱性能計算に基づき、南面・階段室を除く北面・妻面で既存外壁の上に断熱材（t=50㎜）を貼り付ける工法を採用しました。断熱材は躯体の保護の役割も担うため、その下の躯体補修は最小限に抑えてコスト削減を図りました。一部の棟では、給水管更新や妻面の煙突解体も合わせて実施しました。

写真1　断熱材貼付け前の様子

写真2　断熱材貼付け中の様子

評価ポイント③

　本工事は修繕委員会主導で進行し、管理費を増額しない、特定の居住者の負担が増えかねない「筋交いタイプ」の耐震補強を採用しないなど、居住者に不公平さが生じないよう工事内容が検討されました。最終的に、30棟780戸の合意形成を実現出来ました。断熱工事にあたっては、火災に関して断熱材の性能に疑問を持つ居住者もいたことから、他の断熱材と比較した燃焼実験の結果を公開し、材料に対する不安軽減を図りました。工事期間中は、工事事務所の他に管理組合詰所を設置し、施工者との会議に出席している管理組合理事が常駐することで、居住者と施工者の仲介を行いました。新しい玄関扉や塗装色見本の確認、工事に関する相談をする新たなコミュニティ創生の場となり、透明性の高い工事運営につながりました。

　水平展開できる内容がふんだんに盛り込まれた工事となったので、施工者社内はもちろんのこと、他の管理組合や建築学を学ぶ学生に向けても、現場見学会を行いました。

写真3　管理組合見学会の様子

写真4　学生向け見学会の様子

お問合せ先

建装工業

〒105-0003　東京都港区西新橋3-11-1
TEL：03-3433-0501
FAX：03-3433-0505

KENSO Magazine
マンションライフの未来を考える

https://www.kenso.co.jp/magazine/

耐震補強工事
祖師谷大蔵センチュリーマンション

工事に至った経緯

　管理組合様は、平成23年から紛失していた建築図面を探すところから始められ、居住者様全員の理解を深め、工事着手までに約3年を掛けて計画をされてた。

　公募という形で当社にお話が来た段階で助成金の条件である年度末の工期が迫っている状態でしたので、当社は逆算で完成可能なスケジューリングをご提案した。

■物件概要
　所 在 地：東京都世田谷区
　構造・規模：RC造　1棟　4階建　20戸
　竣　　　工：1966年3月（築41年）
　施 工 者：リノ・ハピア株式会社
　工事期間：2014年2月〜2014年6月

工事のPRポイント

①築41年の旧耐震の建築物であったが、ピロティ部の鉄骨ブレース設置及び柱補強を実施したことによって耐震性が確保され、新耐震基準をクリアした。

②東京都の耐震マークを取得して表示したことにより資産価値が向上し、分譲ながら空室待ちが発生する状況になった。

④施工後

鉄骨ブレース設置

①施工前

②施工中

③施工中

耐震改修により耐震性が確保された建物に対して交付される東京都耐震マーク表示制度を利用。

③耐震改修を実施したことによって自転車の通行経路が困難になるため、駐車車両の停車位置を整理し、フェンスを設けて安全にも考慮した専用通路を同時に設置した。

④耐震改修の範囲が一部エントランス内部にも及ぶため、通路の養生はもちろんのこと、施工箇所廻りは安全の確保を含めて間仕切り養生を設置した。

⑤工事の施工前に「耐震工事の必要性」や「工事期間の注意事項」について当マンションの理事や設計監理の先生と検討し、居住者の皆様に理解をして頂いたため、工事期間中、問題もなくスムーズに工事をさせて頂いた。

⑥耐震化の助成制度を利用し費用を軽減させた。また、3月末の竣工が助成金の条件であったため2月中旬の契約からスピーディーに施工を進めなければならなかったが、⑤の説明通り、事前に工事に対する理解をして頂いていたので計画通り完成することが出来た。

⑦当マンションは給水方式を変更した際、給水本管を露出配管としており、当該鉄骨ブレース設置箇所を跨ぐ計画となっていました。当然、配管の移設が必要なところでしたが仮配管を設け、利用することによって3度の一時的な断水で済み、工期の短縮及び費用の軽減に寄与した。

⑧サッシの直近にある柱補強箇所において、サッシを撤去しないと"螺旋巻き"法が不可能であったので"のり巻き"法に変更しサッシの撤去を回避したことによって工期の短縮及び費用の軽減に寄与した。

⑨工事中、オートロックであるエントランスを通行しなければならなかったが、不審者と区別する様、作業員に社名入りのベストを着用してもらったことにより、居住者の皆様の不安を軽減させた。

自転車の専用通路

間仕切り養生

お問合せ先

マンション大規模修繕
RenoHappia
changed from WB

建物を元気に、人を笑顔にする
リノ・ハピア株式会社
http://www.daikibo.net/

〒145-0062 東京都大田区北千束 3-1-3
0120-270451　Fax：03-3748-4012

完全オール水性材料による最新剥落防止システム

JKクリアファイバーW工法

　日本樹脂施工協同組合は、透明樹脂を使用したタイル面外壁剥落防止の施工において、完全オール水性材料を使用した「ＪＫクリアファイバーW工法」を開発上市。剥落防止の重要な要素となる透明塗膜には高性能特殊ウレタン樹脂と超高強度特殊繊維を組み合わせ、プライマーからトップコートまで全ての材料を完全水性材料にすることで改修工事の臭気の問題等を解決させた。

実績　マンション

実績　商業施設ビル（駅ビル）

改修工事における施工上の課題を解消

　改修工事において、現場では常に建物利用者（住民や近隣）の日常生活に配慮し、その保全に十分留意して施工しなければならない。特に材料が溶剤系の場合、現場に充満する溶剤臭のクレーム対策には細心の注意が必要となる。剥落防止施工は主に改修工事が主流であることを考慮すると、今回の工法は全ての材料が水性で構成されており、臭気の問題はほぼ解消されている。

　また、全ての材料が水性、且つ１材型であるという点は、施工管理上、２材型のものよりも管理しやすく、配合比による硬化不良の心配はない。しかも意匠的に透明であるということは、材料に気泡が入ってしまえば透明度は落ちてしまうため、攪拌が必要な２材型に比べ気泡混入の点では１材型の方が有利であり、透明度が高い仕上りとなる。

特徴

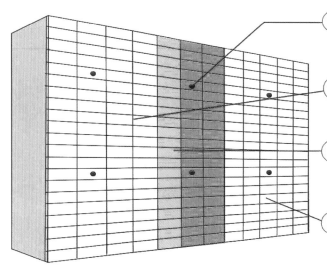

特殊アンカーピン（SJKピン・ドックバイトアンカー）
・ステンレス製（SUS304）ですので、錆の心配がありません。
・樹脂がスムーズに入り、抜群の引抜強度・剪断強度を有します。
・頭抜強度も抜群です。

水性特殊アクリル樹脂プライマー（JKクリアプライマーW）
・1液型水性プライマーですので、溶剤臭の心配がありません。
・既存タイルはもちろん様々な部位へ優れた接着性を有します。

水性高性能特殊ウレタン樹脂下塗材・中塗材（JKクリアファイバーW）
・1液型水性下塗材・中塗材ですので、溶剤臭の心配がありません。
・高性能透明塗膜にて優れた剥落防止層を形成します。
・マイナス気温でもかなりの弾性を有していますので寒冷地でも安心です。

水性特殊アクリル樹脂トップコート（JKクリアトップW　艶有・半艶）
・1液型水性トップコートですので、溶剤臭の心配がありません。
・防カビ性・防藻性を有していますので、美しい外観を長期に渡り保てます。
・艶ムラの発生しにくいトップコートになっていますので、きれいな仕上がりです。

※　イメージ図ですので、色の変化をつけておりますが、実際は全て透明の塗膜になります。

水性でありながら剥落防止材料としての物性を確保

　剥落防止工法として重要な要素は、既存下地との十分な接着性であり、それを満たすために使用されてきた材料は溶剤系が主流であった。今回、水性1材型でありながら既存タイル面はもちろんコンクリート面でも抜群の接着力を可能とするプライマーを開発、溶剤系と違い、モルタル目地材が濡色にならないという意匠性にも貢献している。

　また、タイル1枚1枚を透明塗膜にて一体化させる中塗材も重要な要素である。共同開発した高性能特殊ウレタン樹脂は、マイナス温度でも抜群の伸びと強度を備え、JIS A 6021 外壁用塗膜防水材ウレタンゴム系の規格値を大幅に上回る物性を有しており、ウレタン樹脂でありながら、耐候性に優れ、無黄変という性質は従来のウレタン樹脂のイメージと一線を画す。更に、カーボンやアラミドより強度のある超高強度特殊繊維を組合せ、より強力な透明塗膜を完成させた。ウレタンの伸びを阻害させずに繊維の強度を生かす仕様に両者を組み合わせる技術に数年を有し完成させ、ＵＲ都市機構の機材の判定基準「外壁複合補修工法」の品質基準に全て合格し、剥落防止工法としての性能が証明されている。

1材

塗膜物性

項目	参考規格	物性結果	備考
引張強さ	$2.3N/mm^2$以上	$16.4Nmm^2$	JIS A 6021 外壁用塗膜防水材 参考規格：ウレタンゴム系
伸び率（23℃）	450%以上	604%	
〃　（−20℃）	250%以上	400%	
引裂強さ	14N/mm以上	52.4N/mm	
透水性（B法）	0.5ml以下	0.0ml	

　仕上げのトップコートも保護機能として十分な役割を担う。建物の北面や日陰面において発生しやすいカビや藻を防ぐために、トップコートに防カビ、防藻機能を付加させている。また、半艶タイプのトップコートでは、従来、艶ムラを発生させやすいという問題があったが、それも解消されたトップコートを開発している。

　透明ウレタン樹脂を使用した剥落防止工法の中で、完全水性材料にて施工可能となるのは、現在「JKクリアファイバーW工法」だけであり、全ての材料においてホルムアルデヒド放散等級F☆☆☆☆を取得しているこの安心・安全な材料は、改修工事にて臭気問題等解消する仕様として採用されやすいのでないかと考える。実際、上市してから現在まで施工した全ての現場において、施工中の臭いのクレームは全く発生していない。

　日本樹脂施工協同組合では、長年、施工してきた剥落防止仕様の新たな工法として組合員へ研修を行い、全国で実施できる体制としている。

施工

防カビ性　カビ5種4週養生
トップコートを塗布したろ紙に
カビの発生無し

防藻性　藻5種4週養生
トップコートを塗布したろ紙に
藻の発生無し

お問合せ先

 日本樹脂施工協同組合

〒110-0016　東京都台東区台東1-12-11　秋葉原KMDビル
TEL：03-3831-6185　FAX：03-3831-3926
http://www.jkk.or.jp

大規模修繕工事
東京タワー 大展望台更新工事

■開業60周年の大改修工事

日本人の誰からも愛されるランドマーク、東京タワー。

映画『三丁目の夕日』のオープニングシーンに建設途中の姿が映りますが、正に東京タワーは戦後復興の象徴であり、竣工当時の高さ世界一であったエッフェル塔を抜いて、1958年12月23日に東京タワーが開業しました。その立ち姿は美しく、多くの人々に明るい希望と勇気を与えてくれる存在であり、それは現在においても変わりありません。

東京タワー開業60周年の節目事業として、新しく生まれ変わるための大改修計画が立ち上がり、ちょうど60年目の2018年に高さ250mにある特別展望台(トップデッキ)がリニューアルされ、その翌年2019年に高さ150mにある大展望台(メインデッキ)がリニューアルされました。

この度、LIXILリニューアル社はこの記念事業において大展望台のサッシ更新工事に携わる機会を頂きましたので、その施工事例をご紹介致します。

■7つの厳しい施工条件

❶高さ150mで、❷外部は吊り足場、展望台営業を継続しながらの工事のために❸夜間作業で、❹資材ストックの場所も少なく、外部の放送設備への影響を考慮するため❺仮設設置の高さ制限があり、❻資材荷揚げの揚重方法がケーブルクレーンに限定される条件がありました。また、❼過酷な気象環境にも耐えうる高い要求性能のため、方立1本の部材重量が130kgと非常に重厚感のある材料を使用しました。

これらの厳しい条件のなか、関係者の知恵を集めて約2年間の改修工事を無事に納めることができました。

■物件概要

所　在　地：東京都港区港区芝4-2-8
建　築　主：株式会社 TOKYO TOWER
設計・監理：株式会社 日建設計
施　　　工：株式会社 竹中工務店
サッシ工事：株式会社 LIXIL リニューアル

改修前

改修後

改修前

改修後

■工事概要

　建築主TOKYO TOWER様のニーズは、❶サッシ老朽化に伴う結露対策と耐震性の向上、❷眺望の向上、❸大展望台の営業を継続しながら工事を進めることでした。

　1つ目の結露対策としては、単板ガラスから複層ガラスに更新することで、断熱性UPを実現しています。また耐震性の向上については従来のサッシがスチール製の剛構造であったものを、アルミカーテンウォールの柔構造にすることで実現しました。

　2つ目の眺望の向上は、従来の1スパンあたり5列×4段で20枚のガラス構成を4列×3段で12枚のガラス構成にすることで、1枚のガラスが大きいサイズになり眺望の向上を実現しています。

　3つ目の要望は、営業が終了した夜間に工事を行い、翌朝の営業に支障がでないように1晩の作業ロットを配慮しました。

改修前

構　成　部　材：スチール
ガラス枚数：20枚/スパン
ガラス仕様：単板ガラス

改修後

構　成　部　材：アルミ
ガラス枚数：12枚/スパン
ガラス仕様：Low-E合わせ
　　　　　　複層ガラス

荷揚げ風景

外部側面足場

カーテンウォール取付

カーテンウォール取付

■工事を安全に、且つ、スピーディーに施工するための工夫

　現在、高層ビルの外装工事ではユニットカーテンウォール工法が主流ですが、東京タワー大展望台更新工事では様々な現場の制約条件があるため、前例のないノックダウン式(現場組立)カーテンウォール工法を採用しました。

　製品性能を損なわないためには、取付精度の向上や工程毎の検査が欠かせません。営業時間外作業という限られた時間内で作業を終えるために、作業所を中心に各協力業者が一体となり工事が進むたびに検討・改善を繰り返しながら、無事故・無災害で竣工を迎えることができました。

■60年前の情熱の再現

　東京タワー建設工事では多くの鳶職人さんが、手作業で鉄骨を組み上げて当時世界一高い自立式鉄塔を作り上げています。今ではとても想像がつかない程のパワーと細やかな職人技が集結した作品だからこそ、私たちは今もなお東京タワーから元気をもらえていると思います。その想いと技術は60年経った現在も褪せることなく引き継がれており、様々な課題に直面する度に、設計監理の日建設計様、施工会社の竹中工務店様のご協力を頂けたことに感謝致します。また工事を全面的に支援して頂いたTOKYO TOWER様にもあらためて御礼申し上げます。

お問合せ先

LIXIL 株式会社 **LIXIL**

〒136-8535　東京都江東区大島2-1-1
mail　birukaiso@lixil.com
http://www.lixil.co.jp/

LIXIL リニューアル　株式会社 **LIXILリニューアル**

〒110-0015　東京都台東区東上野6-9-3住友不動産上野ビル8号館
TEL:03-3842-7124㈹　FAX:03-3842-7250
https://www.lixil-renewal.co.jp/

美しい外壁タイル仕上げを保全する
エバーガードSG工法

　外壁タイル張り仕上げは、優れた耐久性、高級感を有する外壁仕上げとして商業ビル、集合住宅等で数多く採用されています。しかしながら、外壁タイル張り仕上げ層の剥落事故は建物の維持管理上大きな問題となっており、現在では様々なタイル張り外壁剥落防止工法が上市されています。現在主力の外壁タイル剥落防止工法はガラス繊維、または有機繊維等の補強布とポリマーセメントモルタルからなる工法ですが、既存タイルをポリマーセメントモルタルで覆い隠してしまう為、タイルの質感を復旧するには、施工後、再度タイルを張る必要があります。

　ダイフレックスでは1993年より、「施主の要求に応えられる、タイルの質感保持を重点に置いた剥落防止工法」の開発に取り組んできました。そして、さらに建物の長寿命化に寄与すべく、塗膜性能や耐久性にフォーカスして開発された「エバーガードSG 工法」は2021年で上市されてから10年経過し、多大な実績を上げています。特殊専用アンカーにてタイル・張付けモルタル層を躯体に固定し、塗膜強度が高く耐久性に優れた、透明度の高い特殊1成分形ウレタン樹脂にてタイル面を被膜する事で、意匠性を保持し剥落を防止する工法で、UR都市機構が定める外壁複合補修工法の要求性能をすべて満たす性能を有しております。下記施工例は現在約10年経過しているが、施工時と遜色ない良好な状態を維持しています。

■抜群の塗膜性能と耐久性

UR都市機構の外壁複合補修工法の要求性能試験にすべて合格

項　目	判定基準	エバーガードSG
コンクリート躯体に対するアンカーピンの引抜き試験	1,470N 以上	5,241N
複合補修層に対するアンカーピンの引抜き試験	1,470N 以上	3,425N
複合補修層の接着強度試験	0.7N／㎟	1.1N／㎟
複合補修層の補強効果確認（面外曲げ）試験	曲げ強度が490Nもしくは変位が30㎜で破断しないこと	変位30㎜以上
温冷繰り返しに対する耐久性試験	0.5N／㎟	1.0N／㎟

※アンカーピンの性能はダブルロックアンカーのものです。

■法政大学多摩13号館外壁改修工事

■物件概要
所 在 地：町田市相原町4342
工　　法：エバーガードSG-1
　　　　　工法　2650㎡
設計監理：㈱類設計室
元 請 け：東急建設㈱
施　　工：㈱リフォームジャパン
工　　期：2012年8〜10月

■SG-1工法（下地モルタル層がある場合）

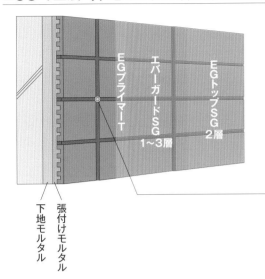

下地モルタル
張付けモルタル
EGプライマーT
エバーガードSG 1〜3層
EGトップSG 2層

工程	使用材料	使用量（／㎡）	仕様
1	穿孔	―	
2	ダブルロックアンカー ダイレクト または ダブルロックアンカー	4本	
3	EGプライマーT	0.12kg	
4	エバーガードSG	0.3kg	
5	エバーガードSG	0.3kg	
6	エバーガードSG	0.3kg	
7	EGトップSG	0.1kg	
8	EGトップSG	0.1kg	

ダブルロックアンカー ダイレクト	施工後の状態

※50二丁掛（45二丁）等、目地幅が5㎜の場合は、ダブルロックアンカーダイレクトを使用。

■施工手順（SG-1工法の施工例）

1 穿孔

2 アンカー打ち込み

3 EGプライマーT塗布
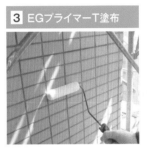

4 エバーガードSG塗布（1層目）

5 エバーガードSG塗布（2層目）

6 エバーガードSG塗布（3層目）
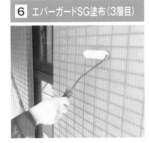

7 EGトップSG塗布（1層目）

8 EGトップSG塗布（2層目）

■使用材料一覧

材料名	内 容	荷 姿
EGプライマーT	アクリルシリコン樹脂（溶剤系）	15kg／set （主剤：9kg　硬化剤：6kg）
エバーガードSG	特殊1成分形ウレタン樹脂（弱溶剤系）	16kg
EGトップSG（艶有り、5分艶有り）	アクリルシリコン樹脂（TXフリー）	15kg／set （主剤：9kg　硬化剤：6kg）
ダブルロックアンカー	SUS304製特殊専用アンカーピン	50mm・70mm 100本／箱
ダブルロックアンカー ダイレクト	SUS304製特殊専用アンカーピン	36mm・50mm・70mm 100本／箱

その他のアンカーピンについては、別途ご相談ください。

お問合せ先

KGK
一般社団法人
機能性外壁改修工業会

http://www.kgk-wall.jp/
〒107-0051 東京都港区元赤坂1-2-7 赤坂Kタワー7F
TEL：03-6434-7481

DYFLEX
株式会社 ダイフレクス

https://www.dyflex.co.jp/
〒107-0051 東京都港区元赤坂1-2-7 赤坂Kタワー7F
TEL：03-6432-9433

外壁改修工事
大樹生命登戸ビル

本建物はオーナーが生命保険会社様なので、より高い安全性、耐久性、美観性を確保できる改修方法が求められ、アドグラピンネット工法が採用されました。

■物件概要

所 在 地：神奈川県川崎市多摩区登戸3398-1
竣　　　工：1986年
改　　　修：2019年

■工事概要

設　　　計：清水建設㈱ 横浜支店
元　　　請：清水建設㈱ 横浜支店
採用工法：アドグラピンネット工法

施工前

施工後

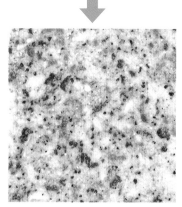

新規仕上材：アドグラみかげ-03

本工事のポイント

○深目地で表面に凹凸のある既存スクラッチタイルの
　目地を厚付用カチオンフィラーで埋め戻し、その上を
　ピンネット工法でタイルの全面的な剥落防止をする
　事により、建物の高い安全性を確保できました。

○アドグラで高級感のある石張り状に仕上げられました。

お問合せ先

発売元・責任施工

AIWATEC
アイワテック株式会社

〒116-0003　東京都荒川区南千住6-58-4
TEL：03-3802-8155
http://www.aiwa-co.jp

タイル張り外壁剥落防止工事
キッセイ文化ホール

　長野県松本市にあるこのホールは、「セイジ・オザワ 松本フェスティバル」等が開催されるコンサート会場として、多くの人々から親しまれています。

　開館から28年経過し、ホールの天井落下防止工事、屋根の張り替え工事と合わせて、外壁改修工事が行われました。

　外壁面はピンネット工法で既存タイルの剥洛防止を行った後、アドグラで重厚感のある石材調の外観にリニューアルされました。

■物件概要

所 在 地	長野県松本市水汲69-2
竣　　工	1992年
改　　修	2020年

■工事概要

設　　計	㈱山下設計
元　　請	北野建設㈱
採用工法	アドグラピンネット工法

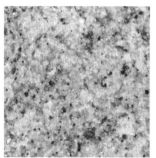

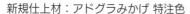

新規仕上材：アドグラみかげ 特注色

本工事のポイント

○アドグラ仕上げは、本石の凹凸感が求められた為、吹付工法にて施工しました。

○既存の伸縮目地や打継目地毎にアドグラを仕上げ、大型の石調パネルの様な仕上げデザインが施されました。

○通常のトップコート2回塗りに対して更に1層塗り回数を増やすことで耐久性を向上させました。

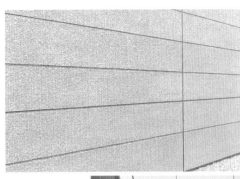

お問合せ先

発 売 元・責 任 施 工

AIWATEC
アイワテック株式会社

〒116-0003 東京都荒川区南千住6-58-4
TEL:03-3802-8155
http://www.aiwa-co.jp

JKセライダー工法によるタイル剥落防止工事

東京建設会館

改修工事の概要

　短繊維入り透明塗膜と注入口付アンカーピンによるタイル剥落防止工法「JKセライダー工法」は、上市から18年が経過し、2回目の施工を実施する建物が増えてきている。東京建設会館ビルもその一つ。

　同ビルは、平成17年にJKセライダー工法によるタイル剥落防止工事を実施、10年経過後の平成27年に2回目のJKセライダーの施工が行われた。

■物件概要
　所 在 地：東京都中央区
　構　　　造：SRC造8階建
　建築面積：1,147㎡
　竣 工 年：昭和32年

■工法概要
　工 法 名：外壁剥落防止工事
　　　　　　（JKセライダー工法）
　施　　　工：平成18年　4面
　再 施 工：平成27年〜28年

　東京建設会館は、昭和32年に建設された。ビル名が示すように「日本建設業連合会」「全国建設業協会」など日本の主要な建設業の団体の本部が入居しているオフィスビルであり、建物の維持管理には、平素から万全を期している。

　平成9年には、クロスウォール工法にて耐震補強し、平成17年には、予防保全の見地から外壁タイル全面をJKセライダー工法で施工した。その後、10年が経過したので、2回目のJKセライダー工法が計画され、平成27年の北面の施工に続いて、順次、西、南面も施工された。

JKセライダー工法で2回目の改修をした東京建設会館

東京建設会館ビルの点検・診断と施工

　東京建設会館ビルの点検・診断結果は、外観は問題なく、付着強度、引っ張り強度ともほとんどレベルⅠb相当であったので、施工は、施工面洗浄後、塗替シーラーを塗布してからJKセライダーを塗り増し、JKトップを塗布した。
　一部、レベルⅡ相当の部分があったが、この部分は剥離剤と高圧洗浄機で旧塗膜を除去し、施工した。

JKセライダーの2回目の施工に先立ち、実施した付着強度・引っ張り強度試験の模様

JKセライダー工法の概要

　JKセライダー工法は短繊維が混入された乾燥後透明となる塗膜と注入口付アンカーピンによりタイルの剥落を防止する工法である。平成15年の上市から18年の実績がある。これまで、オフィスビルをはじめ、ホテル、学校、病院など約1,400件、施工面積にして110万㎡の実績がある。剥落防止性能は、工学院大学での振動試験や水平加力試験で実証されている。施工箇所のタイルが剥落し、第三者に対し損害を与えた場合、賠償金を支払うという組合と組合員による共同保証制度がある。

　タイル下地は、RC、PCのほか、ALCパネル、押出し成型版に適用できる。剥落防止に加え、漏水を防止する防水仕様や、オール水系の仕様もラインナップしている。

JKセライダー工法の10年目の点検・診断と施工

　JKセライダー工法を施工してから10年経過し、2回目の施工を行う場合の点検・診断と施工に関しては、日本樹脂施工協同組合で下記のとおり定めている。

《点検・診断》

　点検・診断は、注入口付アンカーピンと塗膜について実施。注入口付アンカーピンは、目視でピンを設置した箇所を調べ、タイルに割れがある場合やピンの頭が飛出している場合などは、新たにピンを設置する。塗膜はタイルに傷がつくため、打診ではなく、外観と塗膜厚、付着強度、引張強度を測定し、その結果を3つのレベルに区分し、結果に基づいた施工を実施することにしている。

　透明塗膜とアンカーピンによる複合工法で10年目の点検・診断と施工法を確立しているのは、JKセライダー工法だけである（表1）。

《10年目の施工仕様》

　10年目の施工仕様は、診断結果に基づいて表2のとおりとしている。

表1　診断レベルと内容

診断レベル		劣化状況	塗膜厚または不具合部分
レベルⅠ	a	JKセライダー塗膜にひび割れ、膨れ、剥がれがなく、現状のままでも安全性が保たれ、付着強度も0.7N/㎟以上を保持している	塗膜厚が、0.2㎜以上 引張強度　1.6N/㎟以上
	b		塗膜厚が、0.2>t≧0.1㎜ 引張強度　3.2N/㎟以上
レベルⅡ		JKセライダー塗膜の一部に劣化が確認されるが、付着強度は0.7N/㎟以上	不具合部分が30%未満
レベルⅢ		JKセライダー塗膜の各所・各部に劣化が確認され、付着強度が0.7N/㎟未満	不具合部分が30%以上

表2　診断レベルに応じた施工方法

診断レベル	施工方法
レベルⅠa （塗り増し）	塗替用JKシーラー＋JKコート＋JKトップ（2回）
レベルⅠb （塗り増し）	塗替用JKシーラー＋JKセライダー＋JKトップ（2回）
レベルⅡ （部分塗膜撤去）	塗膜部分撤去後、 　　JKシーラー＋JKセライダー（2回）＋JKトップ（2回） 　　　塗膜剥離しない部分は、レベルⅠbと同じ
レベルⅢ （全面塗膜撤去）	塗膜を全面撤去し、再施工。

20年目の再改修も視野に

　今回、施工10年後の改修工事について紹介したが、JKセライダー工法は、20年後も組合の定めた診断結果に基づいて改修を行えば、共同保証の再延長が出来るよう各種試験を行っている。

　意匠性を活かしたタイル剥落防止工法をご検討の折は、豊富な実績と再保証制度が確率されているJKセライダー工法をご用命いただきたい。

 日本樹脂施工協同組合
　〒110-0016　東京都台東区台東1-12-11　秋葉原KMDビル
　TEL：03-3831-6185　FAX：03-3831-3926
　http://www.jkk.or.jp

外壁改修工事
外壁タイルの剥落防止工法

1. 外壁タイル剥落のリスク

　現在、建築の内外装材としてのタイルは不可欠なものです。四季があり気候条件の変化が激しい我が国では、長い年月を耐え抜くビルやマンションの外壁に積極的にタイルが採用されてきました。外装タイルは建築物の耐久性を向上させるとともに、その美しさによって建物に美的な美しさを付加しています。しかし、建物は、気温や湿度によって膨張、伸縮を繰り返すので経年により必ず劣化が進行します。なお、外壁タイルの剥離の要因として、ディファレンシャルムーブメント（相対歪み）による剥離メカニズムが考えられます。昨今、外壁タイルの浮き・剥離が社会問題となっております。外壁タイルの剥落は大きな人災を引き起こす可能性があり、最悪の場合死亡事故にも発展しかねません。実際に危害を加えてしまった場合、多額の賠償責任を問われるケースもあります。

2. タイル張りに関する世間情勢

　平成20年4月に建築基準法第12条に基づく定期報告制度改正され、建物の竣工、外壁改修等から2～3年毎の目視及び部分打診調査、**10年毎の外壁全面打診検査**が義務化されました。
　定期的な維持保全の実施・剥落を防止する工法の採用が求められています。　　**持ち主・管理者に検査義務がある!**

3. タイル張り仕上げ外壁の浮きに対する改修工法

　剥離・剥落につながる浮きは、下記の一般的な補修工法で施工されるケースが多く、補修部分が少なければ比較的低コストで修繕できます。なお、浮きが発生している層や、改修時の要求性能に応じて適切な工法選定が必要となります。

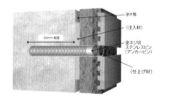

アンカーピンニング
エポキシ樹脂注入工法

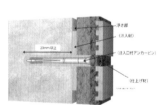

注入口付きアンカーピンニング
エポキシ樹脂注入工法

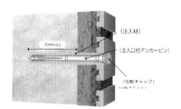

注入口付きアンカーピンニング
エポキシ樹脂注入タイル固定工法

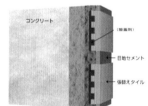

タイル張替え工法

一般的な補修工法（従来工法）の問題点
①浮き層の特定が困難であること。
②現在健全と思われる箇所が将来劣化する恐れが十分考えられること。
③新たな不具合に対する予防にはならず、点検・補修を繰り返す必要があり、ランニングコストがかかる場合がある。

どの層で浮いているのか、
両方浮いているか判断が難しい。

健全部も含めて全面で剥落を防止する外壁複合改修構工法（予防保全）が開発されました。

4．外壁複合改修構工法（ピンネット工法）

　ビニロン繊維ネットとカーボンファイバー含有ポリマーセメントモルタルで一体化し、アンカーピンで躯体に固定することで剥落を防止するシステムです。将来にわたって外壁タイル・モルタルの剥落を防止するとともに、新規仕上げに好適な下地を提供する外壁リニューアルシステムとなります。

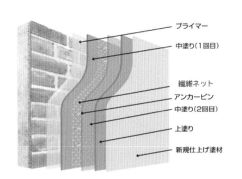

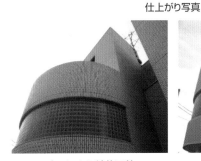
ピンネット工法施工前

仕上がり写真

ピンネット工法施工後

　ピンネット工法は1990年頃より急速に広まり、現在の実績は50万㎡／年以上です。
　予防保全効果、実績、保証において非常に有効な工法で、さらにピンネット工法により剥落防止性能を確保した上で新規の仕上げを施すことで時代の変化に伴って外壁の意匠を一新することもできます。

5．透明剥落防止工法

　安心を提供する外壁複合改修構工法です。透明な樹脂を塗り重ねることで既存の意匠性を保ったまま将来的な劣化にも対応できる予防保全となります。UR都市再生機構の定める品質判定基準を満たし、メイン材料の中塗り剤は1液水性ウレタン樹脂のため臭気が少ないのが特徴です。また、膜厚検査を義務付けることで品質管理の徹底を図っています。

構成断面図

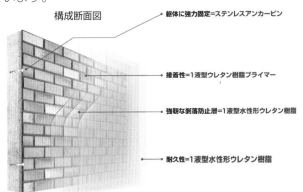

- 躯体に強力固定＝ステンレスアンカーピン
- 接着性＝1液型ウレタン樹脂プライマー
- 強靭な剥落防止層＝1液型水性形ウレタン樹脂
- 耐久性＝1液型水性形ウレタン樹脂

仕上がり写真

透明剥落防止工法施工前

透明剥落防止工法施工後

6．外壁複合改修構工法（ピンネット工法・透明剥落防止工法）の特徴

- **●最長10年の剥落保証**…元請、施工会社、メーカーの3社連名にて施工部分を保証致します。
- **●第三者賠償責任保険**…施工箇所が万が一剥落して第三者被害を起こしても第三者賠償責任保険が付帯します。
- **●施工技術者認定制度**…技術を習得し、認定を受けた施工会社のみが施工できる工法である為、安心して工事を依頼できます。

最後になりますが、経年劣化による外壁の浮き・剥落はなくならない問題であり**予防保全**が重要となります。「剥落して第三者被害を起こしてからでは遅い！」ということを第一に考えることが非常に重要になります。

お問合せ先

コニシ株式会社

関東支社
〒338-0832　埼玉県さいたま市桜区西堀5-3-35
048-637-9950　　http://www.bond.co.jp/

外壁タイルの落下事故から資産を守る

GNSアンカー工法

開発背景

新築時外装タイルは、張り付けモルタルと目地材の強度で十分な付着力があります。
しかし材料の経年劣化と地震荷重等の負荷により、近年外壁タイルの落下による第三者事故が増加しています。
「GNS アンカー工法」は外壁の意匠を変えずに外壁タイルの落下を防止する工法として開発されました。

GNS アンカー工法とは

平成 20 年の建築基準法改正により、建物の定期調査報告制度が義務化されました。
今や外壁タイルの落下はマンション・ビルオーナーや建物管理者の責任となります。
安全性が高く、経済的な外壁落下防止工法として注目されているのが「GNS アンカー工法」です。

GNS アンカー工法の特長

1　新築時と外装タイルの意匠性が変わらない。(アンカーピン頭部をタイル色に焼付塗装)

2　外装タイル施工面が保証対象。対人 6 億円対物 6 億円　連帯保証

3　施工時の臭気が無く、騒音・埃が少ない

4　アンカーピンはステンレス SUS304 相当で耐食性に優れ、また外装タイルとコンクリート躯体を
16 本 / ㎡ 繋ぐため長期耐久性に優れている。(期待耐用年数 50 年)

5　外装タイルの張替が少なく、色違いによる建物価値の低下が軽減される。

GNS アンカー工法は、外装タイルの張替が最小限

GNSアンカー工法は、専用のステンレス製アンカーピンにてタイル中央部を全面均等に止める事により
外壁面全面の落下防止を行います。よって陶片浮きタイル・下地浮きタイルの張替は殆ど行う必要が
ありません。外壁の意匠が悪くなるような事が無く、外壁タイル施工面の落下しない事が担保されます。

仮設足場解体後に 後悔しません。

外壁タイルの部分貼替では見栄えが悪い

GNS アンカー工法の施工基準

「GNS アンカー工法」は

①目地付着強度が 60N/cm 以上　②アンカー引張強度 1500N/ 本以上

の確認を行う事が事前に必要です。

● 目地付着強度試験

試験は 500 ㎡に 1 箇所、1 箇所に付 3 個の試験をする。

1 パイオランテープを
タイルに貼り付ける

2 45mm×45mm アタッチ
メントを接着剤にて
貼り付ける

3 アタッチメント廻りを
カットする

4 引張試験器テクノスター RJ-1 にて
目地モルタル強度確認試験を行う

5 目地モルタル強度確認結果が
60N/ cm以上で当該工法の対象と
なります

● 施工手順

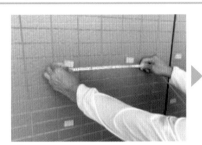
❶ アンカー位置決め

❷ アンカー位置マーキング

❸ 穿孔作業

❹ 座掘り作業

❺ 座掘り完了

❻ GNSアンカー挿入

❼ GNSアンカー打込み

❽ GNSアンカー打込み完了

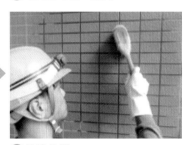
❾ 洗浄作業

お問合せ先

JBR 全国ビルリフォーム工事業協同組合

東京都港区芝 5-26-20 建築会館 6 階
TEL:03 (3454) 4371　FAX：03 (3454) 4377
http://www.jbr-gns.com

大規模修繕工事
第一ISAビル外壁改修工事

【工法決定の経緯】

・施主様より「タイルの落下を防止できる工法」のお問い合わせを頂きました。
・築30年を経過した、東面全面及び南面、北面の一部の外壁が45二丁タイル張りの5階建てテナントビル
・外壁劣化が進み、タイルが剥落している部分が散見され、部分補修では不十分な状態にありました。
・意匠性を維持したいご要望が有り、GNSピンネットの上に弾性接着剤でタイルを張る「タイル張り用GNSピンネット工法」をご提案しました。(保証についてもご説明しました)
・3パターンの提案書を作成し、C案にてご採用となりました。

■物件概要
所 在 地：神奈川県横浜市西区岡野2-6-6
竣   工：1991年（築30年）
改 修 工 期：2021年7月〜 2021年9月

【提案図】

A案

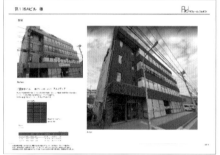
B案

C案

【独自の壁つなぎシステム】

足場架設時の壁つなぎ

壁つなぎ盛替え用穴なきタイル

C案　完成後写真

壁つなぎ盛替え後

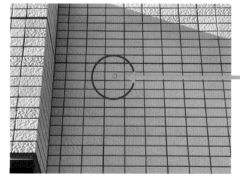
足場解体後
キャップタイル

【作業手順】

洗浄	タイル欠損部	欠損補修
ネット張り	フィラー下塗り	プライマー塗布
アンカー打込み	フィラー上塗り	接着剤塗り
タイル洗浄	目地詰め	タイル張り

Before → After

お問合せ先

RｲJ 株式会社 リフォームジャパン

〒114-0013 東京都北区東田端2-2-2 第二今城ビル3階
TEL：03-3800-1991　FAX：03-3800-1992
https://www.reform-japan.com

屋上防水改修工事

野々市市スポーツランド（スポーツ施設）

　野々市市スポーツランドは、プールなど複数のスポーツ設備を有し季節を問わず利用可能で、こども連れの家族をはじめ、地元市民から親しまれる施設です。

　各所屋根防水については、経年による劣化が進行しており防水改修を行うことになりました。防水仕様として、「高耐久・塩ビシート防水工法　シーカプラン」を提案し、ご採用いただきました。

　当初の現場課題として、梅雨時期を含む限られた工期内に既設防水層の全撤去、新規防水層の設置を行わねばならず、施工の迅速化がポイントでした。また比較的沿岸部に近い立地のため、十分な耐風圧を有する防水工法が求められました。

　実際にシーカプランの特徴である「高品質な施行性（各種高強度部材による施工の省略化、施工品質の向上）」によりスムーズな現場施工がはかれました。また、もう一つの特徴である高耐久シート（「補強複合タイプ」）の採用により、十分な耐風圧強度が実現し、高品質・高耐久防水をご評価いただきました。

■ **物件概要**

　所　在　地：石川県野々市市
　構　　　造：RC造2階建て
　工事場所：建屋各所屋上
　施工面積：2,081㎡
　工　　　期：2019年6月～8月
　施　　　主：石川県野々市市
　施工会社：日精工業株式会社

■ **工法概要**

　建屋各屋上：高耐久・塩ビシート防水　シーカプラン工法　断熱機械的固定仕様

完成

①既設アスファルト露出防水層 撤去

②既設アスファルト防水断熱材　撤去

③既設アスファルト防水断熱材　撤去

④シーカプラン貼り込み

⑤完成

お問合せ先

 ディックプルーフィング株式会社

http://dpcdpc.com/
〒107-0051　東京都港区元赤坂1-2-7 赤坂Kタワー7F
Tel.03-6434-7508　Fax.03-6434-7509

金属屋根防水改修工事
某公立小学校体育館屋根

当体育館屋根は瓦棒屋根が施されていました。既存の屋根は経年で表面の塗装材が風化し、全面に錆が発生していました。部分的に補修を施したと見られる箇所もありますが、この状態を放置すると日射や降雨、風によって更に劣化が進行し、漏水を引き起こす懸念がありました。

この度ご採用頂いたスレート・金属屋根改修工法『リ・ルーフシステム』は、特殊断熱補強層と超速硬化ウレタン、遮熱トップコートを組み合せることで「防水＆補強効果」「遮熱＆断熱効果」を生み出す改修工法です。

■物件概要
　所 在 地：所在地：埼玉県内
　既存防水：瓦棒屋根
　新規防水：リ・ルーフシステム

施工前

施工後

今回施工した『リ・ルーフシステム』を施工することで、防水はもちろん、厚膜被覆をし屋根強度を向上させ屋根の寿命を延長する効果が期待できます。これにより、ライフサイクルコストの削減にも貢献します。また特殊断熱補強層と遮熱保護塗装材により、夏場の冷房費の削減、屋根からの熱吸収を抑えることができます。更に、遮音性能も有しているため、雨音が低減され体育館内での行事も快適に行うことが期待出来ます。

　施工において、これまでのウレタン塗膜防水は屋根カシメ部などにはシール等で処理を行う必要がありました。しかし、『リ・ルーフシステム』は、その材料特性を活かしカシメ部の処理を削減することができます。当該現場においては大棟と屋根外周カシメ部のみシール処理を施したうえで、屋根にはカシメ部等の凹凸がある為、材料がムラにならないように吹付施工しました。特殊断熱補強層を形成するSGフォームは吹き付けると膨張しながらカシメ部を埋めて成膜するため、本施工前の処理に掛かる手間が大幅に削減されました。

シール処理

施工中　SGフォーム

施工中　SP-200

お問合せ先

株式会社 ダイフレクス

https://www.dyflex.co.jp/
〒107-0051 東京都港区元赤坂1-2-7 赤坂Kタワー7F
TEL：03-6432-9433

金属屋根防水改修工事
多目的屋内施設

当施設屋根は金属屋根が施されていました。防水改修工事を検討するにあたり、特徴的な屋根形状である為、防水工法の選定が重要でした。カバー工法は、既設屋根同様の金属製屋根を被せる工法です。外観は同じように仕上がる反面、特殊形状に金属屋根を加工するコストや建物に対し倍の荷重が掛かります。シート防水工法は、既製品の防水シートをアンカーを使用した機械固定工法による施工となるため、既設屋根に穴を開ける作業だけでなく、納まりや固定方法の煩雑さの課題がありました。また、当施設周辺は風を遮る物がほとんど無く山にも囲まれているため、風圧の課題もありました。

■物件概要
所 在 地：長野県松本市内
既存防水：金属屋根
新規防水：SPM-200SK工法

施工後

施工前

施工後

そこで、これらの課題を克服した超速硬化ウレタン塗膜防水方法が採用となりました。この超速硬化ウレタン塗膜防水は、瞬時に硬化し通常のウレタン防水よりも強度のある安定した品質の防水塗膜層を形成する材料です。既存屋根を傷つけることも無く、繋ぎ目の無いシームレスで柔軟性のある防水層を形成し、寒暖差による金属の伸縮にもしっかりと追従します。1㎡あたりの重さは約2kgほどしか無く、建物への荷重が大幅に軽減されます。また、保護塗装材は遮熱タイプとなっており、通常の保護塗装材に比べより日差しを反射しウレタン塗膜の劣化速度を低下させます。

　防水施工にあたり、屋根が特徴的な形状ゆえに足場の設置も難題でした。元請業者や施工業者等と協議を重ね、無事に足場設置を完了しました。本施工を見据えた足場を設置して頂けたことで、その後の防水工事も順調に行うことができました。今回の防水改修はウレタン塗膜防水で行ったことで、再改修はウレタン塗膜防水を塗り重ねるだけの工事となる為、工事費が抑えられライフサイクルコストの削減が期待できます。

施行中

足場設置

足場設置

お問合せ先

株式会社 ダイフレックス
DYFLEX

https://www.dyflex.co.jp/
〒107-0051 東京都港区元赤坂1-2-7 赤坂Kタワー7F
TEL：03-6432-9433

屋根防水改修工事
某商業施設

概要

　中央部分がゴムシート防水、周囲がスレート屋根となっていました。中央部分のゴムシート防水から漏水していたので、当初は中央部分だけの改修工事の予定でしたがスレート部分も同時に改修する事となり、高強度タイプのコスミックPRO・ゼロワンHを2回塗布しました。ゴムシート防水部分とスレート屋根部分を同一のウレタン防水材にすることで工事の効率化とコスミックPRO・ゼロワンHを使うことでのスレート屋根の強度アップを図ることができました。

改修前

下地調整材塗布

■物件概要
　所在地：東京都
　施工面積：300㎡

改修後

コスミック PRO・ゼロワン の特長

　一般的に使用されている 2 成分形ウレタン塗膜防水は主剤・硬化剤を現場で別の容器に入れ混合撹拌の後塗布施工をして反応硬化して防水層となります。一方 1 成分形ウレタン塗膜防水「コスミック PRO・ゼロワン」は、『潜在性硬化剤』という硬化剤が予め含まれていて、缶の中のように密閉された環境では硬化剤として機能することはありませんが、開缶後塗布し、外気の水分（湿気）に触れることで初めて硬化剤として機能し、硬化が開始します。こうした硬化特性によりコスミック PRO・ゼロワン は様々な施工上のメリットが得られます。

①施工効率の向上

　例えば 2 成分形ウレタン防水材使用で 4 人の施工班を例にとれば、1 成分形ウレタン防水材は 2 成分形のような混合撹拌が必要なく、撹拌要員が不要で、3 人で同規模の施工が行えます。また、大面積の工事で同じ 4 人で施工を行えば、1 人分の施工面積がプラスされることになります。効率化という点では、缶数の減少という点も効果的といえます。2 成分形に比べ、50％〜 26％缶数が減少するため、荷上げ荷下ろしをはじめ場内の小運搬、缶開けや缶潰しなど意外と煩わしい手間も軽減されます。さらに、硬化促進剤の添加により、速硬化や厚塗りが可能で、冬期の翌日施工も可能となる。

②確かで優れた塗膜品質の確保

　混合撹拌が不要ということは、2 成分形ウレタンで起こる配合ミスや撹拌不良による硬化不良や物性未発現が無く、常に一定の塗膜品質が確保できます。また、コスミック PRO・ゼロワン は、超速硬化ウレタンに代表される JISA6021 の高強度形に迫る物性をもち、ウレタン自体が黄変のない高耐侯な塗膜性能を実現しています。

③先進の環境対応

　従来のウレタン防水材の環境対応の内容としては、厚生労働省のシックハウスガイドラインで規定されている 14 物質無配合、トルエン・キシレン無配合（TX フリー）、F ☆☆☆☆取得が主な事項ですが、これらに加え、特定化学物質（汎用的なウレタン防水材では、TDI〈トリレンジイソシアネート〉MOCA〈3,3- ジクロロ -4,4- ジアミノフェニルメタン〉）無配合及び鉛・DOP 無配合を実現しています。また、1 成分形のため缶に残った材料はすべて硬化し、容器に使用している 18ℓ缶はラミネート缶を採用することで残材をはがすことが可能。このため鉄リサイクルに出すことができ、産業廃棄物の低減が可能となります。

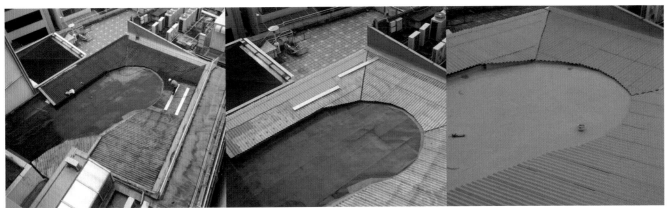

洗浄　　　　　　　　　　　　　　コスミック　ゼロワンH塗布　　　　　　高反射トップコート塗布

お問合せ先

株式会社 ダイフレックス
コスミック 事業部

https://www.dyflex.co.jp/cosmic/
〒107-0051 東京都港区元赤坂1-2-7 赤坂Kタワー7F
TEL：03-6434-7249

大規模団地における給排水設備改修工事
つつじ野団地

つつじ野団地は昭和56、57年入居開始の106棟1004戸の大型の団地型マンションです。この内テラス棟を除く19棟663戸の専有部・共用部の給排水給湯管の更生・更新工事を行い、663戸を1戸も残さず施工しました。全戸入室作業を行うにあたっては所在不明の居住者様からも長期修繕委員会様と協力して全員の入室許可をいただきました。

現場代理人の施行方針

◎安全…接触トラブルのない動線計画
◎品質…漏水トラブル発生0件
◎工程…日程と時間の約束を徹底

現場代理人
田中　博

住民説明会用に空撮写真の上に棟のミニチュアを配した模型を作成、居住者様に工事進め方を理解していただきました。

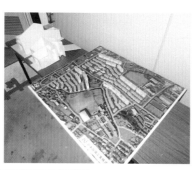

■物件概要

所 在 地：埼玉県狭山市
戸　　　数：8階建高層2棟、5階建中層13棟
　　　　　　3階建メゾネット4棟、3階建テラス11棟
　　　　　　2階建テラス79棟　　計106棟1004戸
工事範囲：テラス棟を除く19棟663戸
設計監理：㈱改修設計
施　　工：日本設備工業㈱
工　　期：2017年12月13日～2019年4月30日

■工事概要

給排水設備改修工事
専有部給水・給湯管の更新工事（オプションで床下隠蔽化）
専有部排水管更生工事、共用部排水管更生工事
追焚配管更新工事

つつじ野団地配置図

つつじ野団地全景

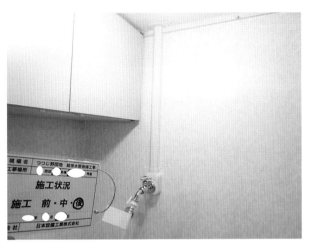

本工事前に事前調査を契約して当初露出仕様だった更新部分を工事金額を変えずに極力隠蔽できるよう工夫しました。それでも残る露出部分に関しては、各戸負担金のない露出配管と負担金ありの床下隠蔽工事とを選択できるように計画。タイプの異なる2つの空き部屋をお借りしてテスト施工を実施し露出配管の姿が見学できる工夫を行い居住者様の不安解消につとめました。

排水管は共用部・専有部ともに更新せずに既存の配管を再利用する管更生工法Re-FLOW工法を採用しました。

施工前

洗浄・研磨後

ライニング後

タイプの異なる多数の住戸に対応するためiPadなどの電子機器を活用して施工トラブルをなくしました。

ユビタスク施工

日本設備工業におけるICT (Internet Communication Technology) を活用した施工の合理化、効率化を目指した取組み、活動全体を総称するもの。

規約改正で給排水管専有部共用部一体改修

つつじ野団地　663戸を1戸も残さず負担金なしで実現

専有部を一時的にみなし共用に

日本設備工業　更生、更新、リフォーム技術を駆使

工事済みの住戸には応分の工事費相当額を返戻

本工事は専有部を一時的に共用部扱いとして管理規約を改正し専有部共用部を一体化して実施した事例としてマンション管理新聞に取り上げられました。

お問合せ先

日本設備工業株式会社
リノライフ事業部

〒104-0031　東京都中央区新川1-17-25 東茅場町有楽ビル
TEL 03-6222-3133
URL https://www.nihonsetsubi.co.jp

給排水設備改修工事事例

ドルミ灘

【設備改修工事の概要】

- 工期：2020年2月5日〜2020年11月30日、10ヵ月
- 本工事は、直結増圧給水方式変更工事、雑排水管、通気管、電温ドレン管改修工事、及び付帯する必要な内装の解体、復旧を行いました。

【排水工事の仕様】

- 既設雑排水管は銅管（CUP管）、通気管は配管用炭素鋼鋼管（SGP管）が使用されていましたが、錆や腐食が激しく、既設排水管の取替をしました。新しい配管仕様は、排水用耐火性硬質ポリ塩化ビニル管（FSVP）としました。
- 電気温水器ドレン管はSGP管（配管用炭素鋼鋼管）を排水用耐熱性硬質塩化ビニル管（HTVP）としました。

羽岡所長

■物件概要

所 在 地：兵庫県神戸市灘区
構造規模：SRC造　1棟　11階
　　　　　198戸＋管理人室＋集会室
竣　　工：1979年（築42年）

雑排水管　通気管　汚水管

雑排水管　通気管を排水用耐熱性硬質塩化ビニル管に改修

電気温水器ドレン管を排水用耐熱性硬質塩化ビニル管に改修

通気管　雑排水管　1階汚水管　ドレン管

床雑排水管・通気管を排水用耐熱性硬質塩化ビニル管に改修（横引きは塩化ビニル管）

【直結増圧給水方式変更仕様】

- 高架水槽給水方式を直結増圧給水方式に更新しました。給水配管の使用材料は、硬質塩化ビニルライニング鋼管（VLP）を耐衝撃性塩化ビニル管（HIVP）に変更しています。

仮設給水配管

直結増圧給水ポンプ

各戸給水配管

耐衝撃性硬質ポリ塩化ビニル管

【隠ぺい部にアスベスト含有建材】

耐火保温板

- 試験施工中、雑排水銅管天井貫通部に耐火保温板が取り付けられているのを発見。アスベストの含有を疑い、検査機関への持ち込み、速報で検出、レベル２の判断。
- 管理組合様への報告と相談、行政や労働基準監督署への届け出、専門業者の手配と慌ただしくも、まわりの協力で何とか対応する事ができました。

【緊急事態宣言による影響】

- 専有部での排水工事期間中、居住者様には決められた４日間のご在宅をお願いしておりました。工事着工時期はコロナウイルスが出始めの頃でしたが、徐々に感染者が増え、工事途中の４月７日、緊急事態宣言が日本で初めて発令され、管理組合様と度重なる相談の上、工事の中断が決定しました。
- 緊急事態宣言も延長され、在宅工事を予定されていた100戸の居住者様へは、一軒一軒訪問、又は電話にて連絡をとり、工事の中断と在宅工事日の再設定をご説明させて頂きました。驚いた事に、ほとんどの人が『こんな状況なので仕方ない』『大変ですけど頑張って下さい』と励ましと理解の言葉を頂いた事でした。
- 工事中断期間中、専有部に入る事のない直結増圧給水方式変更工事に工程順序を変更致しました。それに伴って給水切替の為の断水工事時期も変更となりましたが、居住者の方々からご理解ご協力を賜る事ができ、結果としてスムーズに流れ、全体工期は変わらず、無事完了する事ができました。

【管理組合、居住者様との連携】

- 工事着手前に全戸訪問調査を実施し、作業内容や作業部位、入室範囲、ならびに養生に伴い片付ける範囲の説明をして、工事実施日を確認いただきました。また、リフォーム実施の有無・内装仕上材の確認を行い、大型家具移動の手伝いの要・不要の確認、住戸内写真撮影も行いました。
- １住戸４日間の在宅工事をお願いしており、縦系統で１住戸でも不在住戸があれば、その系統全ての工事ができないため、他居住者様に迷惑がかかります。１週間前迄には玄関ポストへご案内を投函し、訪問又は電話にて連絡をとり、緻密に在宅を確認していきました。
- 工事時間中における排水規制は最大４日間で、台所・浴室・洗面・洗濯の排水を流さないようにお願いをしました。トイレの汚水配管は対象外でしたが、トイレの裏にパイプスペースがある住戸タイプはトイレも使えない為、集会室のトイレを使用いただきました。
- 電気温水器の容量を大きく取替されていた住戸様は、脱着しないと工事ができず、脱着期間の２日間はお風呂が入れませんでしたが、快く受け入れて頂きました。
- 断水工事は１住戸全部で３回ありましたが、協力を頂ける前向きな質問ばかりでした。また、本工事は、居住者様から沢山のご意見も寄せられ、その都度、管理組合様に相談しました。工事の主旨を理解してもらうため、管理組合様が居住者様へ直接お話し頂く等、多くのご協力をしていただきました。
  管理組合様には感謝の言葉しかありません。

【居住者様へのお願いに対して】

- 今回の工事は、非常に居住者様にご負担とご不便をお掛けする内容と考え、臨んでまいりました。
- 実際は文句を言われるどころか、ご協力頂ける事ばかりで驚いておりましたが、ある居住者様から『阪神大震災時に比べたら、こんなん不便でも何でもあらへん』とお聞きし、震災を経験した人達は本当に大変な思いをしてきたのだと、強く感じました。

お問合せ先

 株式会社 長谷工 リフォーム
HASEKO　　　　　　　　　　関西支社

〒540-0026　大阪府大阪市中央区内本町二丁目４番７号
0120-04-4152
https://www.haseko.co.jp/hrf/reform

住宅インテリアリフォーム工事事例

H様邸

担当：中山

■物件概要

所 在 地：千葉県船橋市
築 年 数：18年
建築形態：マンション
構　　　造：RC造7階建
施工期間：約45日間
施工面積：75㎡

【改修前の概要】

● 奥様が第二子の育休中で時間に余裕があるうちに『家事ラク』なお住まいにしたいと中古マンションを探されていました。ちょうどいい物件に出会い、購入されたことでリフォームのお話が進みました。

● 家族の衣類を洗面室にまとめたい、洗面化粧台を廊下に置きたい、家事コーナーをつくりたいなど明確な要望をお持ちでした。

【工事の概要】

● 洗面室にご家族の衣類をまとめるため、大容量のウォークインクローゼット兼洗面室にしました。洗面室内にある洗濯乾燥機から衣類を出して、家族別に仕舞うまでの『家事ラク』を実現しています。

● 洗面室から廊下に洗面化粧台を出したことで、帰宅後すぐに手洗いが習慣となったうえ、トイレの目の前に配置したことで、トイレの手洗いが不要となりました。お掃除の手間を考えるとこれも『家事ラク』です。

● 奥様念願の家事コーナーをキッチンに設けました。お料理の合間にお子様の連絡帳を記入したりと、とても便利にお使い頂いているそうです。

● テレワークの多いご主人様のために洋室2のドアは『音配慮ドア』を採用しました。

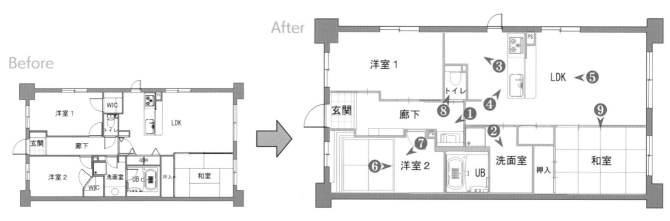

Before　After

◀廊下に移設した洗面化粧台

・洗面化粧台が廊下にあることで、外遊びから戻ってきてすぐに手洗いができます。

・また、トイレ正面にあるのでトイレの後、お子様が踏み台を使って自分で手洗いをすることができます。

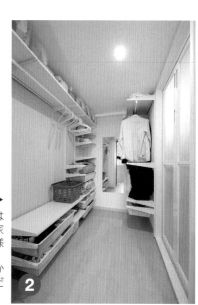

広くなった洗面室▶

・洗面化粧台を移動した分、洗面室はウォークインクローゼットのように家族全員の衣類を収納できるように奥様がDIYで棚を取付しました。

・洗濯物は洗面室内にある洗濯乾燥機から出してそのまま家族別に仕分けるだけで『家事ラク』です。

④

⑤

③

◀◀キッチンと家事コーナー
- キッチンは吊戸を撤去し、明るいオープンキッチンにしました。
- キッチン奥にはデスクコーナーを設置。お料理の合間にお子様の連絡帳を書いたり、プリントを読んだりと大活躍の『家事ラク』コーナーです。

▲リビング
- 吊戸を撤去したことで、奥様が子どもたちの遊ぶ様子を見守れ、お子様もキッチンで作業するママの顔が見えるので安心できます。

◀洋室2（書斎スペース）
- 玄関横の洋室はテレワークが多いご主人様のご要望で、音配慮ドアを（ ▢ 部分）取り付けました。
- 机左手の棚は奥様がDIYで取り付けされ、使い勝手抜群です。

洋室2（畳スペース）▶
- ご主人様のワークスペースの向かいは小上がりの畳コーナー。
- たっぷりの収納を確保しつつ、今はご家族の寝室として使用されています。

⑥

⑦

▲畳収納
- 手前は引き出しでよく使うもの、奥は跳ね上げ式で季節家電などたまにしか使わないものを収納しています。

お客様の **声**

- 小さい子供が二人いるので、家事をしやすい間取りにしましたが、とても使い勝手がいいです。
- 行動パターンに沿った場所に収納を配置しているので、散らかりにくいです。
- 照明計画などはプロの目線で提案して頂き、ダウンライトの配置など気に入っています。

⑧

⑨

◀トイレ
- キャビネット付きトイレでお掃除しやすく、『家事ラク』。トイレを出た正面の洗面化粧台で手を洗うため、手洗い器はなしとしました。

▲和室
- リビング横の和室は縁なしの半帖畳でモダンな印象になりました。小さなお子様が遊んだりお昼寝したりと大活躍です。

お問合せ先

HASEKO 株式会社 **長谷工 リフォーム**
本社・東京支社

〒105-0014　東京都港区芝二丁目6番1号
0120-04-4152
https://www.haseko.co.jp/hrf/reform

社宅のリノベーション改修工事事例
リ・プレディア千葉中央

【改修工事の概要】

■物件概要
　所 在 地：千葉県千葉市中央区亥鼻
　構造規模：RC造5階地下1階　32戸
　竣　　工：1991年10月（築29年）

細萱所長

- JR西日本旅客鉄道株式会社の社宅を1棟丸ごとリノベーションして分譲住宅に改修しました。本建物は周辺に千葉大学医学部、県立千葉中・高校、千葉県立中央図書館等、環境の良い文教地区に立地しています。
- 外観は白を基調にした既存建物の特徴を活かし、エントランス壁は木目調タイルに変更し落ち着いた色調のデザインにしました。セキュリティ対策としてエントランス入口にオートロック、1階住戸窓（面格子設置窓除く）に防犯センサー、外構フェンスを増設し、更に、EV改修工事を行いました。

【建物外観】

Before

Before
After

After

【エントランス】

Before

After

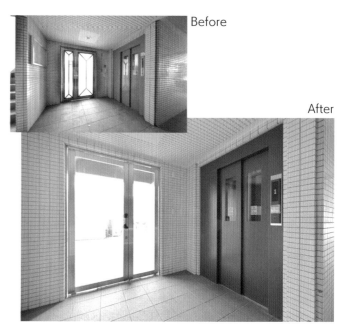
Before
After

【住戸部分】

Before
LDR

Before
和室⇒洋室

Before
キッチン

Before
洗面所

After
LDR

After
和室⇒洋室

After
キッチン

After
洗面所

お問合せ先

株式会社 長谷工 リフォーム
HASEKO　本社・東京支社

〒105-0014　東京都港区芝二丁目6番1号
0120-04-4152
https://www.haseko.co.jp/hrf/

マンションのフルスケルトン内装改修工事事例
希少性の高い250㎡超えのリノベーション

【工事概要】

● 都心の一等地に立地する超高級マンションの最上階、住戸面積250㎡の希少性の高い住宅の内装改修の事例です。

● 改修工事工期は2020年11月～2021年5月の7ヵ月を要しました。

■物件概要
　所 在 地：東京都港区南麻布
　構造規模：RC造地上4階　地下1階
　竣　　工：1985年

【工事特徴】

希少性の高い250㎡超えのリノベーション工事の特徴としては以下があります。

● 高級賃貸マンションとして、設備機器部材の選定・仕様・施工精度等に十分留意して工事を進めました。

● より高い生活空間を創り出すため、天井高を確保に対して折上げ天井と間接照明を採用しました。

● リビング＋コンサバトリー、大型収納、キッチン中心の水回りに特に留意して工事を進めました。

平賀所長

【玄関　エントランス】

突板の壁とタイルの床にて高級感を演出、建具を開けると50㎡を超えるリビングが広がります

【リビング】

調光・調色が可能な間接照明を配した折上げ天井

【コンサバトリー】

細くシャープなフレームとガラスのコンビネーションでつくる
引戸を採用

【ダイニング】

間接照明を配した食器棚　明るく開放感のある空間

【キッチン】

2台の大型冷蔵庫を設置　多くの収納スペースを確保

【バスルーム】

フルオーダーのユニットバス
シャワータブレットと融合した現代的なシャワーシステムを選定

【ウォークインクローゼット】

自由度の高いクローゼットシステムを採用

お問合せ先

 株式会社 長谷工 リフォーム
HASEKO　本社・東京支社

〒105-0014　東京都港区芝二丁目6番1号
0120-04-4152
https://www.haseko.co.jp/hrf/

133

浴室排水トラップ更生工法
NP-R工法

＜NP-R工法開発の経緯＞

　マンションや団地の排水管のトラブルが近年多発している中、一番多いトラブルが、排水管の劣化による漏水です。特に在来工法の浴室排水トラップの劣化問題では、浴室防水層を壊さないと、浴室排水トラップを交換（更新）できないので、工事期間と工事費用がかかります。

　この度、老朽化した在来浴室排水トラップの漏水を防ぎ、耐久性を向上させ、安心できる生活を取り戻すための更生工法として、「NP-R工法」を開発しました。

＜NP-R工法の特徴＞

○New【新たな】Pipe【管（排水管）】にRenewal【更生する】の頭文字でNP-R工法としています。

○1日で施工が完了します。その日の内にお風呂が使用でです。

○浴室排水トラップの内部に一体型の更生管を形成します。

○一体型の更生管を形成することにより、更生後はトラップと排水管の継ぎ目がなくなり耐久性が向上します。排水トラップに孔（あな）や欠損があっても施工可能です。

○新たな管が形成されることにより、管内のサビや汚れによる排水不良が改善され、排水機能は入室当時の「あたりまえ」を取り戻せます。

○交換工事（更新工事）と違い、防水層を壊さないで施工をするので、工事期間と工事コストを低減でき、産業廃棄物を抑えられるメリットがあり大変好評な工法になっています。

○高品質にこだわり、接着性試験、引張、曲げ特性試験、水密試験、耐薬品試験、高圧洗浄試験、通水性能試験という様々な試験をおこない、安心性の高い工法になります。

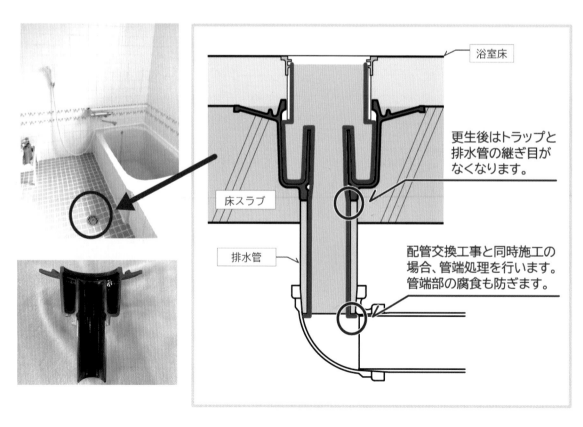

浴室床

更生後はトラップと排水管の継ぎ目がなくなります。

床スラブ

排水管

配管交換工事と同時施工の場合、管端処理を行います。管端部の腐食も防ぎます。

概略図

施工手順

①養生（浴室全体を丁寧い養生します。）

②施工前

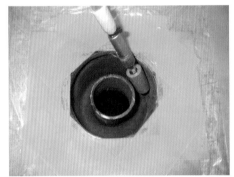
③研磨（研磨を行い、サビや汚れを除去します。）

④研磨後

⑤含浸（特殊な樹脂を配合し、ローラーで芯材に均等に含浸させます。）

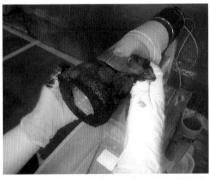
⑥装着（補修機に含浸させた芯材を装着します。）

⑦圧着（専用器具内部を膨らまし、芯材を圧着させ自立管を形成します。）

⑧施工後

⑨お椀取付

⑩完成（目皿取付）

お問合せ先

京浜管鉄工業株式会社

〒171-0031 東京都豊島区目白2-1-1　目白NTビル6階
電話　03-6871-9961
URL　https://www.keihin-se.com/

エントランスのバリューアップ
高級賃貸マンションのリノベーション

　目黒川沿いに佇む高級賃貸マンション。企業のトップや経営者が多く住まう物件特性に合わせ、居住者へのサービス向上を図るためリノベーション。広いエントランスを活かし、商談など接客対応できるようソファーセットを新設。自動販売機が無造作に置かれていたベンダールームはモダンなデザインの「ライブラリー」に刷新。本棚やハイカウンター、コーヒーサーバーを新設し、出勤前にコーヒーを飲みながらメールチェックをするなどのビジネスシーンをサポートする空間を創出。デザインと運用でサービス向上を図り、ホテルライクなマンションに生まれ変わりました。

After／エントランスホール

Before／エントランスホール

After／エントランスホール

Before／ベンダールーム

■ 物件概要

所　在　地：東京都目黒区
構造・規模：RC　地下2階/地上25階建て
竣　　　工：2008年
リノベーション竣工年：2019年

After／
ベンダールーム

After／エントランスホール

After／ベンダールーム

お問合せ先

三井デザインテック株式会社

三井デザインテック株式会社　スペースデザイン事業本部
住所：〒163-0435　東京都新宿区西新宿2-1-1 新宿三井ビル35階
電話：0120-922-483　営業時間10時〜18時（土日祝定休）
URL：http://www.mitsui-reform.com/solution/

万能防水補修シート
ファストフラッシュ

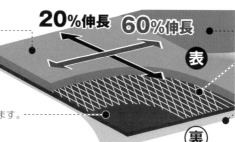

▶ 特長・構造

- ▶ 接着剤不要。**外部面は屋外露出OK**
- ▶ 優れた柔軟性（たて**60**%、よこ**20**%）！
- ▶ 特殊な工具は一切不要！
- ▶ 設計耐用年数**20**年の高耐候EPDM使用
- ▶ 被着可能母材は、**金属、ガラス、コンクリート、ポリカーボネート、木材**など

日本建築板金協会推奨品

幅×長さ	厚み
幅 560 mm × 長さ 5 m NEW	2.3 mm (剝離フィルム込)
幅 280 mm × 長さ 5 m	
幅 280 mm × 長さ 2.5 m	
幅 280 mm × 長さ 1 m	カラー
幅 280 mm × 長さ 200 mm	ブラック/グレー
幅 140 mm × 長さ 5 m	

※環境により変化します

20%伸長 **60%伸長**

EPDM エチレンプロピレンジエンゴム（全面）
長手方向に60%、幅方向に20%伸長するので、複雑な形状にもぴったりフィット

ブチル粘着材（全面）
接着面を気にする必要がなく、ムダなく使えます
※ブチルは、被着母材によっては劣化しやすい場合があります。

表　**裏**

保護フィルム

アルミメッシュ
形状を保持・安定させます

離型紙
切り取り線があるので貼りやすい

▶ 使用例

山形県 某選果場 折板屋根

折板屋根の軒先が腐食して雨漏りが発生。屋根全部を交換すると金額がとてもかかってしまいます。そこで、腐食している軒先だけ新規の折板をかぶせて施工、ファストフラッシュを使って新設部分と既存部分のジョイントを処理しました。耐候性が高く厚いEPDMを使用、アルミのメッシュが挟んであるファストフラッシュなら、金属の伸縮や経年劣化にも耐えられます。数年経ち、冬と夏を越えましたが、今でも問題は発生していません。

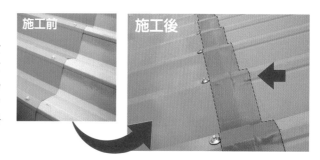
施工前　施工後

柔軟性に優れているので、ハゼ部分の複雑な形状や入り組んだ箇所も、ヘラやローラーを使ってすきまなく施工可能です。アルミメッシュ層があることにより、ただ雨漏りを補修するだけでなく、強度の補強にもなります。

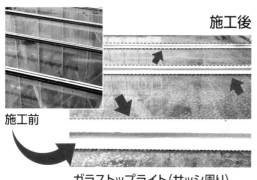
施工後　施工前

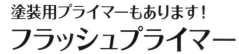
ガラストップライト（サッシ周り）

折板屋根（ハゼ）

雨どいコーナー

瓦割れ

塗装用プライマーもあります！
フラッシュプライマー

■ 1缶 220ml

1缶で 幅 280mm × 長さ 5m サイズのファストフラッシュが1巻 塗れます！

ファストフラッシュの便利さが一目瞭然！詳しい施工方法を動画でご覧いただけます。

タイセイ ファストフラッシュ で検索！

万能防水補修塗料
フラッシュシール

▶ 特長

「ファストフラッシュ」の姉妹品、塗って固まるEPDM

▶ 紫外線に強い　　　▶ 幅5㎜程度のクラックまで対応
▶ 複雑な形状に最適　▶ 硬化時間が短い（厚み1.5ミリで約6時間）

日本建築板金協会推奨品

この厚みが出せるのは
フラッシュシールだけ！

内容量	1缶 750ml（1.13kg）約0.5㎡に使用可能 ※1.5㎜厚で塗った場合	選べるカラー	ブラック/グレー

▶ 使用例

箱樋の継ぎ目

補修後　　補修前

防水層の亀裂

補修後　　補修前

ファストフラッシュの端部

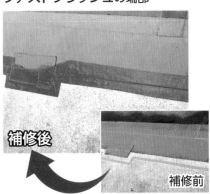

補修後　　補修前

雨樋の止まりや落とし口周り

手すりの根元カバー

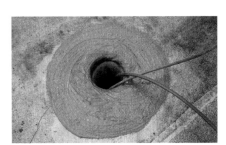

縦ドレンの隙間

▶ 使用可能母材（一部抜粋）

鉄、アルミ、ステンレス、銅、スレート、瓦、硬質塩ビ、レンガ、
コンクリート、木
※ ガルバリウム鋼板や防水層に対しては、使用前に密着具合をご確認ください。

フラッシュシールの
特長や使い方を
動画でわかりやすく
紹介しています。

タイセイ フラッシュシール　で検索！

お問合せ先

株式会社タイセイ　📞フリーコール **0120-78-1234**

〒160-0023　東京都新宿区西新宿8-4-2　野村不動産西新宿ビル9F　タイセイ　検索！

外装材は建物の「顔」です。

1971年、外壁防水化粧材のパイオニアを目指して創業し、地球環境への配慮と技術中心型企業として社会に貢献すべく今後とも努力を重ねてまいります。

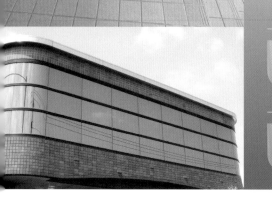

外壁用途

タイル目地及びコンクリート 防水保護透明塗膜	建築用塗膜防水材
セブンSS セブンS	セブンウォール

床用途

床用透明防滑材	ホゴコンエースMS-F

光触媒

光触媒酸化チタン コーティング材	セブンチタニック

株式会社LIXILリニューアルは LIXILグループのビルリフォーム専門会社です

外窓カバー改修

After

Before

玄関カバー改修

Before

After

**マンション共用部
リフォームから、
ビルのファザード改修、
保存・再生改修まで、
幅広いリフォームに
対応します。**

外装改修

After

Before

タイル改修・金属パネル改修にも対応します。

保存・再生

上記以外にも内窓改修、防水板設置改修、水廻りリフォーム（キッチン・洗面台・トイレ・浴室）、
内装リフォーム、賃貸リフォーム、ビルメンテナンス（清掃・設備管理）に対応します。

お問合せ先

LIXIL 株式会社 LIXIL

〒136-8535 東京都江東区大島2-1-1
mail:birukaiso@lixil.com
http://www.lixil.co.jp/

LIXIL
リニューアル 株式会社 LIXILリニューアル

〒110-0015 東京都台東区東上野6-9-3 住友不動産上野ビル8号館
TEL：03-3842-7124㈹ FAX：03-3842-7250
https://www.lixil-renewal.co.jp/

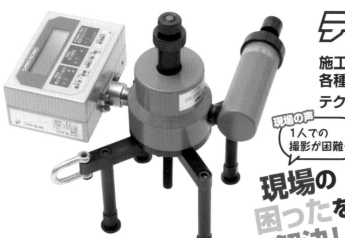

146

組合員－地区別－

【北海道・東北地区】

テクノ建設サービス㈱札幌支店	TEL.011(200)8000
岩手県総合建設業協同組合	TEL.019(648)1911
㈲ 松 本 業 務 店	TEL.018(835)5333
ク レ ア 工 業 ㈱	TEL.022(286)7287
㈱ 東 北 丸 本	TEL.022(371)9711
㈱ 郡 山 塗 装	TEL.024(963)1450

【関東地区】

栃木アンカー工業㈱水戸営業所	TEL.029(257)1131
㈱ 根 子 左	TEL.029(241)4057
㈱リフォームジャパン茨城	TEL.0297(48)9191
栃木県ビルリフォーム協同組合	TEL.0282(22)6820
㈱ ジャスト・アンダー	TEL.048(449)0681
㈱ 並 木 樹 脂	TEL.048(763)6484
ネクストプルーフ㈱	TEL.048(423)4373
赤 堀 工 業 ㈱	TEL.047(376)1185
清 建 ㈱	TEL.043(271)8844
ア イ ワ テ ッ ク ㈱	TEL.03(3802)8155
エ イ ダ イ 商 工 ㈱	TEL.03(3625)2001
㈱ 久 保 脇 工 業 所	TEL.03(3999)3360
ク リ ス テ ル 工 業 ㈱	TEL.03(3372)2451
㈱ 工 業 技 術 研 究 所	TEL.03(3811)4421
光 清 化 成 建 設 ㈱	TEL.03(3264)1031
㈱ サ ト コ ー	TEL.0422(26)4455
椎 野 塗 装 工 業 ㈱	TEL.03(3727)9377
㈱ ジ ョ ス コ ム	TEL.03(3304)1011
清 起 工 業 ㈱	TEL.042(546)5311
南 海 工 業 ㈱	TEL.03(3483)7511
日 本 産 業 ㈱	TEL.03(5547)6611
日 本 防 水 工 業 ㈱	TEL.03(3998)8721
北 建 工 業 ㈱	TEL.03(3327)0106
㈱ マ サ ル	TEL.03(3643)3641
リ ノ・ハ ピ ア ㈱	TEL.03(3748)4011
㈱ リ フ ォ ー ム ジ ャ パ ン	TEL.03(3800)1991
㈱ ア シ レ	TEL.045(923)8191
㈱ 永 和 工 業	TEL.046(835)6886
帯 野 工 業 ㈱	TEL.044(820)6994
菅 生 建 設 ㈱	TEL.044(977)0547
㈱ リ フ テ ッ ク	TEL.045(591)8688
若 井 工 業 ㈱	TEL.044(555)0331

【北陸・信越地区】

㈱ 旭 企 業	TEL.025(286)0206

良 久 工 業 ㈱	TEL.076(492)2810
㈱ K B M	TEL.076(242)1494
エ ス デ ィ エ ヌ ㈱	TEL.076(256)1548
㈱ ビ ル コ ン	TEL.0776(35)9222
㈱ A B M	TEL.026(222)6969

【東海地区】

㈱ 名 神	TEL.058(271)7459
岡 田 工 業 ㈱	TEL.054(247)3126
大 池 建 工 ㈱	TEL.052(912)6181
五 松 商 事 ㈱	TEL.052(721)3224
真 和 建 装 ㈱	TEL.0564(43)3214

【近畿地区】

㈱ ティーメック 大阪支店	TEL.06(6399)7100
㈱ ユ ニ オ ン 技 建	TEL.06(6318)0011

【中国地区】

広島県ビルリフォーム協同組合	TEL.082(234)1532
㈱ 誠 宏	TEL.0834(36)2526

【四国地区】

新 弘 化 建 ㈱	TEL.0877(63)0801
東亜グラウト㈱新居浜四国支店	TEL.0897(34)7111
㈱ リ ー テ ッ ク	TEL.089(905)1311
㈱ ナ カ バ リ コ ー ト	TEL.0884(74)7690

【九州・沖縄地区】

㈱ ダ イ ニ チ	TEL.092(554)1200
博 栄 工 業 ㈱	TEL.095(849)2232
㈱ ミ カ ド	TEL.096(357)1707
㈱ タ ニ グ チ 防 水 塗 工	TEL.0985(29)5724
大 平 工 業 ㈱	TEL.099(220)5716
㈱ ト ク シ ュ	TEL.098(854)5331

【賛助会員】

A G C ポ リ マ ー 建 材 ㈱	TEL.03(6667)8420
化 研 マ テ リ ア ル ㈱	TEL.03(3436)3011
コ ニ シ ㈱	TEL.048(637)9940
サ ン コ ー テ ク ノ ㈱	TEL.04(7157)3535
日 本 化 成 ㈱	TEL.03(3207)8139
日 本 ビ ソ ー ㈱	TEL.03(5444)3889
野 口 興 産 ㈱	TEL.03(3994)5601
山 本 窯 業 化 工 ㈱	TEL.06(6338)8601
ユニチカトレーディング㈱	TEL.03(3246)7784

特定化学物質無配合ウレタン塗膜防水材

屋上防水改修工事事例
ルネ上星川

通気緩衝シー

エバーコート Zero-1

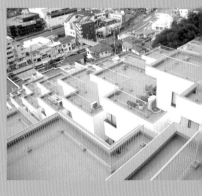

▶傾斜面に建てられている

◀フェンスで区切られ狭い

■物件概要

所 在 地：横浜市内
施工年月日：平成26年1月〜10月
施 工 面 積：約12,000㎡
構 造：RC造
設計監理：株式会社岡田建築設計事務所
元 請：株式会社カシワバラ・コーポレーション
防水施工：株式会社エヌ・ケー

■工法概要

工 法：1成分形ウレタン塗膜防水材
エバーコートZero-1 H ZHT-200 工法
ZHM-200L 工法

時代は "ゼロ" です

MOCA・TDI

特定化学物質無配合ウレタン塗膜防水材

1成分形ウレタン塗膜防水材

エバーコート
Zero-1 シリーズ
ゼロワン

2成分形ウレタン塗膜防水材

DSカラー・ゼロ

より高い安全と安心を目指して
私たちは「ゼロ」を提案します

株式会社 ダイフレックス　　DYFLEX

〒107-0051　東京都港区元赤坂1-2-7　赤坂Kタワー7F
TEL. 03-6432-9433

未来へつながる新工法

ホルムアルデヒド 放散等級	F☆☆☆☆

共同保証 最長 **10** 年

透明樹脂の全ての材料が水性ですので

実績　その1　共同住宅

実績　その2　役所

実績　その3　研究所

実績　その4　事務所ビル

 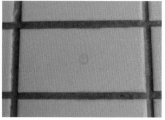

実績　その5　商業施設

どの現場も施工中、建物利用者様からの臭いのクレームはありませんでした。

オール水性透明樹脂タイルピン固定剥落防止工法

JK クリアファイバーW工法

高性能特殊ウレタン樹脂　＋　超高強度特殊繊維！

組合だからできる責任施工体制！

ホルムアルデヒド放散等級 **F** ☆☆☆☆取得品！

業界初！完全オール水性材料！

樹脂協にしか出来ないオール水性剥落防止工法登場！

【販売元】

■ 技能検定（樹脂接着剤注入施工）実施協力団体

日本樹脂施工協同組合

〒110-0016　東京都台東区台東1-12-11　秋葉原KMDビル5F
TEL　03-3831-6185　FAX　03-3831-3926

 樹脂協　検索 https://jkk.or.jp

【製造元】

独創の技術が明日を拓く

 **大日化成株式会社**

（本社）〒571-0030　大阪府門真市末広町8-13
TEL　06-6909-6755　FAX　06-6909-6702

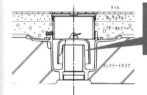
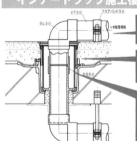

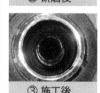
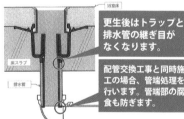

オリジナル工法を開発！

GNS
アンカー工法

平成20年の建築基準法改正により、建物の定期調査報告制度が義務化されました。今や外壁の落下はマンション・ビルオーナーや建物管理者の責任です。そんな中で安全性が高く、経済的な外壁剥落防止工法として注目されているのが、「GNSアンカー工法」です。

建物を元気に
人を笑顔にする！

外壁落下事故 から 資産 を 守る

■■■■ GNSアンカー工法３つの特長 ■■■■

① 外壁が落ちない確実な工法

アンカーピンで留め付けるだけでなく、外壁タイル目地の健全性の確認や劣化防止材を塗布することで、タイルやモルタル等の既存仕上材の落下を防ぎます。

② 工事中の騒音が少ない

既存タイルやモルタルを斫らないため、工事中の騒音が少なく、居住者様への工事中の負担を軽減します。

③ 最長10年の保証

補修箇所を最長10年にわたって長期剥落防止保証します。工事後のアフターフォローも万全です。

建築リニューアル成功事例集

バックナンバーも販売中！

お求めはこちらから

https://www.tetsuadobook.com/

発行　Tad 株式会社テツアドー出版　〒165-0026　東京都中野区新井 1-34-14　☎03-3228-3401　FAX03-3228-3410

広告索引

建築リニューアル成功事例集2022
－ マンションからオフィスまで －

発行日　2021年12月10日　第1版第1刷

発　行　株式会社テツアドー出版
　　　　〒165-0026　東京都中野区新井1-34-14
　　　　TEL 03-3228-3401　FAX 03-3228-3410
　　　　https://www.tetsuadobook.com

ISBN978-4-903476-72-8